나 자신으로
살아갈 길을 찾다

나 자신으로
살아갈 길을 찾다

조선 여성 예인의 삶과 자취

—이지양 지음

글항아리

노래, 춤, 악기 연주, 우스개, 재담, 시 등에 두루 예술적 재능을 갖춘 기녀들의 존재는 역사상 매우 아득한 고대로 거슬러 올라간다. 중국에서는 그 존재를 춘추시대로 잡고 있는 데 비해, 우리나라에서는 그보다 훨씬 후대인 고려중기 정도로 보고 있다. 사람 사는 모습이 비슷하다면 그토록 긴 세월의 차이가 있을 리는 없으니, 실상의 차이라기보다는 전하는 기록에서 비롯된 것이겠지만, 그렇더라도 우선은 그 기록에 의지할 수밖에 없다. 『성호사설』 23권 '관기官妓' 조항에서는 우리나라 기생의 기원을 양수척楊水尺에서 찾고 있다. 양수척이란 버들고리로 그릇을 만드는 유기장柳器匠을 가리키는 말이다. 이들은 고려 태조가 백제를 공격할 때에도 다스리기 어려웠던 사람들로, 본래 관적貫籍도 부역도 없이 물과 풀을 따라 늘 옮겨 다니며 오직 사냥만 일삼고 버들을 엮어 그릇을 만들어 파는 것으로 생업을 삼았다 한다.

그러다가 고려중기 무신 정권 때 이의민李義旼의 아들 지영至榮과 최충헌崔忠獻 이후 이들로부터 부세를 받기 시작하자 양수척들이 글안契丹 군사에게 항복해버렸다고 한다. 그 뒤부터 이들을 읍적邑籍에 예속시켜 남자는 노奴, 여자는 비婢를 만들었는데, 비는 고을 수령들에게 사랑을 많이 받았던 까닭에 얼굴을 예쁘게 꾸미고 노래와 춤을 익히므로 기생이라 지목받게 되었다고 했다. 이리하여 기악妓樂이 점점 번성해지자 상하를 막론하고 음탕한 풍습을 금할 수 없었고, 조선조에 와서도 그대로 유지되어 심지어 군郡에 이런 기녀들이 모두 존재하게 되었다는 것이다.

이런 재예 기녀들에 대해서는 늘 몇 겹의 이질적이면서도 상반된 시선이 존재한다. 천한 인간들이라고 질시하면서도 그들의 매력에 빠져, 남녀노소 간에 정신을 못 차리는가 하면, 비도덕적이라고 지탄을 일삼는 계층의 군자들이 그들을 더욱 좋아하기도 했다. 이들은 미움과 사랑, 부러움과 멸시를 동시에 받았던 것이다. 아름다운 자태와 재능을 인정받아 유명해질수록 이들의 인생은 고통 속으로 빠져들곤 했다. 그것은 이들이 신분이 낮은 천민인 데다 성별로도 당시 사회에서 명백히 열세인 여성이었기 때문에 더욱 그러했다.

하지만 이들은 남루한 차림에도 불구하고 동작이 아름다워 생기가 뿜어져 나오고, 노래를 시작하면 삶의 고통을 마취시켜버리곤 했다. 판에 박은 듯 되풀이되는 지루한 일상과 그저 무난하게 비슷한 모습으로 살아가는 사람들의 허를 찌르며, 뭔가 통쾌한 변화를 일으켰던 것이다. 그렇게 자기 내면에서 뿜어나오는 정열로 변화의 파노라마를 펼쳐냄으로써 사람들을 압도한다. 그리고 그 힘으로 자신들이 처해 있던 온갖 악조건─천한 신분, 극단적인 가난, 차별 받는 여성, 배우지 못한 존재─을 훌쩍 뛰어넘어버린다. '복합 마이너리티의 덫'을 벗어나버리는 것이다. 그야말로 '그물에 걸리지 않는 바람'처럼 빠져나가 자유롭게 자기 모습으로 살아가는 데 성공한다.

이들의 말과 행동은 반드시 유익하거나 도덕적이지 않았고, 반드시 진실하지도 않았다. 어쨌든 보통 사람들보다 생기가 넘쳐났고, 남의 마음을 움직일 수 있을 정도로 아름다웠다. 그들 곁에 있으면 인생이 재밌고, 우습고, 신기하게 느껴지게 만들었다. 짜릿한 대리만족과 삶의 흥겨움을 느끼게 해주었던 것이다.

조선조의 역사 기록과 고전문학 속에는 여러 분야에서 이런 예인들의 모습을 찾아볼 수가 있다. 그들은 근대 이전의 신분사회에서 천민으로 살던 사람들이기에, 요즘의 예술가나 연예인과는 확실히 다른 현실 속에 처했다. 물론 삶의 기본 조건은 뚜렷하고도 선명한 차이가 있다. 지금은 우선 신분사회가 아니고 남녀 차별도 완화되었으며, 경제적 생산체제도 농경사회에서 후기 산업사회, 소위 말하는 지식정보사회로 진입했으니 시대적 차이는 현격하다. 하지만 그들 각자가 처한 사회의 환경적 굴레랄까, 삶에 겹겹이 쳐진 굴레를 오직 자신의 예술적 역량으로 단숨에 벗어나는 점만은 공통된다. 그들에게는 남녀를 불문하고 누구에게나 일정하게 배울 점이 있고, 참고할 점이 있다. 최소한 그들에게서 복합 마이너리티의 덫을 탈출하는 모습은 볼 수 있을 것이다. 그리고 오늘날 연예인들은 이들의 삶에서 뜻하지 않게도 많은 것을 배우고 공감하고, 깨닫게 될 것으로 기대한다. 어떻게 살고 처신해야 할지, 예인의 정체성은 어떻게 가져야 좋을지, 그 정신과 인간적 풍모란 어떤 것인지 느끼고 배우게 되는 점이 있을 것이다.

연구자의 한 사람으로서 이 재예 기녀들의 삶에 대해 성적인 이미지로 접근하는 것이 아닌 재능과 삶 자체를 진지하게 이해하는 것이 필요하다는 생각이 들었다. 『삼국지』「동이전東夷傳」에서 '동이족이 가무에 능하다'고 일컬었듯이 우리나라처럼 온 국민이 노래를 좋아하고, 흥과 신명이 넘치고, 풍부한 표현력을 빛내는 국민이 어디 흔할까마는, 실제 그 유구한 역사 속에서 예능을 담당했던 사람들에 대한 자취는 미처 발굴·정리되지 못했었다.

기녀들은 중세 신분사회에서 하층 천민이었기에 직접 자신들의 활동에 대한 기록을 별반 남기지 못했다. 그런 까닭에 후대의 역사 연구나 예술사 연구에 있어서도 그 순위가 밀려나 있었다. 게다가 전해지는 자료라는 것도 여기저기 산발적으로 극히 작은 파편으로 남아 있어서, 논증적 연구 대상으로 적합한 증거 자료가 되진 못한다. 많은 문집을 뒤져도 어떤 것에서는 아무것도 나오지 않기도 하고, 또 기껏 찾아낸다 해도 산만하기 그지없어서 들이는 노력이나 정성에 비해 성과는 짐작하기 힘들다. 노래 기생에 대한 자료가 있으면 그가 불렀던 노래의 악보도 있어야 연구하기 좋으며, 춤춘 기생에 대한 자료가 남아 있으면 무보舞譜도 발견돼야 연구가 될 텐데, 그런 경우는 지극히 드물다.

나는 이런저런 고민 끝에, 결국 평소에 막연히 꿈꿔오던 학문의 방식을 이 분야에 적용해보기로 마음먹었다. 보잘것없는 지푸라기, 돌, 나뭇가지, 진흙덩이 같은 재료들을 모아 둥지를 만들어보기로 한 것이다. 문학작품으로 연구되기도 어렵고 음악으로 복원될 수도 없지만, 한번 읽어보고 다들 제외해버리는 자료들을 모두 모으면 우리나라 여성 예인들의 삶과 예술활동에 대한 형체가 어느 정도 생겨나지 않겠느냐는 생각에서였다.

어릴 때 집의 처마 끝에 제비가 둥지 짓는 것을 본 적이 있다. 제비는 정말 쓸모없어 보이는 허접한 것들을 물어다 날랐다. 지푸라기, 돌, 나뭇가지 같은 보잘것없는 것들을 물어다가 둥지를 지었다. 그런데 막상 다 지어지고 나면 무척 견고했다. 폭풍을 견디고, 장맛비를 견디고, 가혹한 더위며 추위를 견뎠다. 제비가 둥지를 떠난 뒤, 동네 아이들이 그것을 떼어내 밟고 올라서서 아무리 쿵쿵 뛰어도 부서지지 않았다.

지금 이 작업 자체는 허술할지 모르나 우리나라 예인들에 대해 뭔가 소박한 제비둥지라도 하나 만들어두면, 나중에 정말 솜씨 있는 이가 새로운 공법으로 멋진 빌딩을 올려주지 않을까? 조선조의 여성 예인藝人들, 즉 가무에 능했던 예기藝妓들의 풍모를 찾아 그들의 인생 역정과 희로애락을 더듬어보는 일은, 현대의 우리에게도 재미있고 유익하지 않을까 싶다. 일단 우리나라 공연예술사에 인간의 체온이 전해질 것이고, 구체적인 상황 속에서 예술활동을 하는 사람의 지혜와 삶의 자세 같은 것도 깨우치게 될 것이다. 또 한 개인으로서 낮고, 험하고, 천한 자리에서 자기 재능을 어떻게 승화시키는가를 보며 감동을 얻을 수 있지 않겠는가.

2009년 2월

이지양

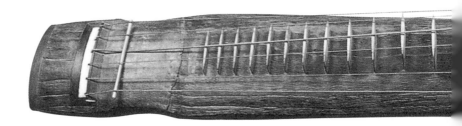

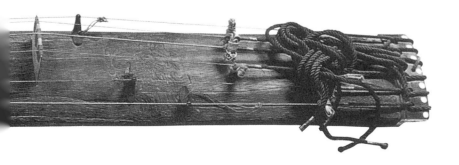

가을바람에 지는 잎 소리야, 낸들 어이하리오

호쾌한 기녀, 황진이

흔히 '황진이' 하면, 재예가 뛰어나면서 색기가 자르르 넘쳐흐르는 여인을 떠올린다. 드라마나 영화 속의 황진이는 모두 그런 이미지로 등장한다. 그런데 옛 문헌에 나오는 그녀는 딴판이다. 옛글에는 진이의 미모보다는 총명함, 총명함보다는 호쾌한 성격이 더욱 뚜렷하게 그려져 있다. 그렇게 기록한 선비의 인간관이 그랬던 것인지, 여성관이 그랬던 것인지, 아니면 황진이 자신이 원래 그물에 걸리지 않는 바람처럼 강렬한 개성을 뿜으며 자유롭게 생을 연소했기에 그 한 조각 파편이 그렇게 남은 것인지는 모른다. 다만 옛글에 전하는 황진이는 오늘날에도 대단히 매력적인 인간형으로 여겨진다. 황진이에 대한 기록은 두루 재미있는데, 그건 아마 그녀 자체가 매력적이고, 그녀의 파트너들이 매력적이며, 그 글을 기록한 사람 또한 그에 뒤지지 않게 사람을 끌어당기는 힘이 있기 때문일 것이다.

어떻게 기녀가 되었을까

이긍익의 『연려실기술』에는 허균의 『지소록識小錄』을 인용하여 황진이가 개성에 살던 여자 소경의 딸이라고 전하고, 김택영의 『합간소호당집』에는 황진사의 서녀庶女인데, 그의 어머니 진현금陳玄琴이 병부다리兵部橋* 아래에서 물을 먹다가 감응하여 황진을 잉태한 것으로 전한다. 그녀의 출생에 대해서는 이런 정도만 알 수 있을 뿐이다. 어쩌다 기녀가 되었는지에 대해서도 별로 알려진 바가 없다. 그녀를 몹시 짝사랑하던 이웃집 서생이 상사병으로 죽자 스스로 기녀가 되었다고 전할 뿐. 여자 스스로 기녀가 되었다는 이런 자학적인 이야기를 어디까지 믿어야 할지는 모르겠다. 역사적으로 모든 기녀는 관기이므로 관청에 예속된 노예 신분이다. 이들은 늙어서 퇴역기생이 되기는 하지만, 기적에 그대로 남아 있어 신분상의 변동은

---

* 개성 시내 북쪽에 있음.

없다. 돈을 내고 기생 역할을 벗어날 수 있긴 한데, 기본적으로는 불법에 해당됐다. 관청의 재산은 사유화해선 안 되는 것이기 때문이다. 그런데 그 총명한 황진이가 노예가 되기를 자청했을까? 그것이야말로 정말 믿어지지 않는 얘기로, 그녀가 어떤 이유로 기녀가 되었는지는 분명치 않다고밖에 말할 수 없다.

황진이는 명성에 비해 기록은 많이 남겨져 있지 않은 편이다. 그럼에도 불구하고 몇 가지 일화는 단번에 우리의 마음을 사로잡는다. 상식이나 관습에 얽매이지 않는 사고방식, 주체적이면서도 능동적인 생활 스타일이 생생하게 느껴져서 그렇다.

진이를 바라보는 허균과 유몽인의 시선

유몽인은 『어우야담』에서 그녀의 성격적 특징을 간략히 스케치하듯이 그려냈다.

어느 날 진이는 천하의 명산이라는 금강산에 가보고 싶다는 생각을 하면서 동행자를 물색한다. 그러다가 재상가의 아들인 이생에게 하인 없이 그냥 단 둘이서만 산행을 하자고 제안한다. 이생 역시 호탕하고 속기가 없기로 알려졌던 사람인지라, 둘이 쉽게 뜻이 통했는지, 그 둘은 정말 그렇게 금강산으로 떠났다. 진이는 이생에게 베

옷 차림에 초립을 쓰고 몸소 양식을 짊어지게 하고, 자신도 칡베 적삼과 무명치마 차림에 소나무 겨우살이풀로 만든 둥근 모자를 쓰고 대나무 지팡이를 짚고서 길을 나섰다. 그들은 주로 절에서 걸식하며 금강산 곳곳에 가보지 않은 곳이 없을 정도로 다녔다. 때로는 진이가 몸을 팔아 중들에게 양식을 얻기도 했는데, 함께 다닌 이생은 그것을 허물하지 않았다. 뿐만 아니라 진이가 자기를 종이라고 소개해도 개의치 않았다. 두 사람이 산에서 굶주리고 고생한 끝에 예전의 용모를 찾아볼 수 없이 초췌한 몰골이 되었을 때, 시골 유생들이 숲에서 연회를 벌이는 곳을 지나가게 되었는데, 진이가 그곳에 가서 술을 한잔 받아 마시고는 술잔을 잡고 노래를 부르자 맑고 높은 음향이 숲과 골짜기를 울렸다. 여러 유생이 특이하게 여기고 술과 안주를 주니, 진이는 "첩에게 종이 한 명 있는데 매우 굶주렸습니다. 남은 음식 먹이기를 청합니다" 하고는 이생을 불러 술과 고기를 먹게 했다. 두 사람은 일 년 남짓 그렇게 다니다가 다 떨어진 옷에 새까만 얼굴로 돌아왔다.

황진이는 자기가 원하는 스타일로 금강산을 유람할 동행자를 제대로 선택했던 것이다. 허균의 『지소록』에도 황진이의 모습이 이와 비슷하게 그려져 있다.

진랑眞娘은 개성에 살던 여자 소경의 딸이다. 성품이 쾌활해서 남자와 같았으며 거문고를 잘 타고 노래를 잘하며 일찍이 산수 간에 놀기를 좋아하며 풍악산으로부터 태백산·지리산을 지나 금성錦城에 이르렀는데 마침 그 고을 원이 잔치를 베풀어 감사를 대접하고 있었다. 노래하는 기생이 좌석에 가득한데 진랑이 떨어진 옷, 때 묻은 얼굴로 바로 그 상좌에 나가 앉아서 이를 잡으면서 태연히 노래하고 거문고를 연주하며 조금도 부끄러워하지 않으니 여러 기생들은 기가 질렸다. 평소에 화담의 사람됨을 사모하여 매양 거문고를 메고 술을 걸러 화담의 거처를 찾아 실컷 즐기다가 돌아가곤 했다. 매양 말하기를 "지족노선知足老禪은 30년을 벽을 쳐다보고 앉아서 공부했어도 역시 나에게 무너졌지만, 오직 화담 선생은 여러 해 동안 친하게 지냈으나 마침내 흔들리지 않았으니 이는 진실로 성인聖人이로다" 하였다. 일찍이 화담에게 말하기를, "송도에 삼절三絶이 있습니다" 하였다. 공이 묻기를 "무엇이 삼절인고?" 하니, 진랑은 말하기를 "박연폭포와 선생과 저입니다" 하자 공이 웃었다.

민족문화추진회 역

위의 두 기록은 황진이도 황진이지만, 그런 그녀를 웃으며 지켜보고 허용한 당시 양반들, 특히 유몽인과 허균의 시선을 다시 생각하게 만든다. 남자다 여자다, 이런 구별보다도 그냥 똑같은 사람으로서의 재능과 성격을 보고 있지 않은가? 그런 점은 오히려 요즘 현대인들이 섹슈얼리티에 치중된 시선을 가진 것보다 훨씬 더 깊이 있고 자유롭게 느껴지는 것이다. 인간에 대한 본질적 깊이와 세련된 이해를 지닌 시선이 보이지 않는가 말이다. 유몽인의 기록 역시 황진이의 소탈하고 대담한 제안과 행동 양식을 흥미롭게 그려내고 있고, 허균의 기록 또한 황진이의 대범하고도 담력 있는 행동을 재미있게 담아내고 있다. 옛 어른들 말씀에 복잡하고 빽빽한 콩나물 시루에도 누워서 크는 콩나물이 있다고 하더니만, 황진이는 기녀들 중에서도 매우 특별한 존재인 듯하다. 재능도, 총명함도, 그리고 복도, 운도 그녀는 다 특별했던 것이다.

가곡을 잘 부르는 선전관 이사종

대체 황진이가 멋진 남자를 알아보는 것인지 멋진 남자들이 황진이를 알아보는 것인지 알 수 없으나, 그 주변에는 황진이를 제대로 알아보는 남자들이 많았던 것 같다. 그들 중 한 명이 가곡을 잘 부르는 선전관 이사종李士宗이라는 사람이다. 그가 왕명을 받들고 송도에 갔을 때, 역참인 천수원 시냇가에서 안장을 풀고 갓을 벗어 배위에 얹고는 누운 채로 가곡 두서너 곡을 크게 불렀다고 한다. 마침 진이도 천수원에서 쉬고 있다가 그 노랫소리를 듣고, "이 노랫가락이 매우 특이하니 평범한 촌사람의 천한 곡조가 아니다. 내 듣기에 서울에 풍류객 이사종이 있어 당대의 절창이라고 하는데, 필시 이 사람일 것이다" 하고서 알아보게 했더니 과연 그가 맞았다. 진이는 그 곁으로 자리를 옮겨 정성껏 대접하고 자기 집으로 모셔와 며칠 머물게 했다. 이내 "마땅히 그대와 함께 6년을 살아야겠습니다" 하고는, 이튿날 삼 년 동안 살림살이할 재물을 이사종의 집으로 모두 옮긴 다음, 그 가족들의 생활비 일체를 모두 진이가 마련하였다. 진이는 일하기에 편한 차림을 하고 첩의 예를 다하면서 이사종의 집에서 살았고, 그렇게 3년이 지나자 이사종이 진이 일가를 먹여 살리기를 진이가 이사종의 집에 한 것과 똑같이 하여 다시 3년을 살았다.

첩의 예를 다한다는 건 보통 일이 아니다. 첩은 본처에 대해 종의 신분이다. 그렇기에 며느리가 시어머니에게 하는 것 이상으로 철저히 복종하고 살아야 했다. 첩살이를 요즘 식으로 새살림 차려서 둘이 재미나게 사는 것으로 생각하면 오해다. 대가족 사회에서 첩은 온갖 고생을 산더미같이 하고 살아야 했다. 첩의 신분에서 지켜야 할 것이 많았는데, 첩은 아무리 잘나도 역시 종일 뿐이다. 그런데 그것까지 감안하고, 경제적 문제까지 감수해서 황진이가 결단을 했던 것이고, 6년이 지나자 진이는 "업이 이미 이루어졌으며 약속한 기일이 다 되었습니다" 하더니 작별하고 떠났다. 우리나라 역사상 전무후무한 '여자 주도형 계약결혼'을 했던 것인데, 진이도 이사종도 그야말로 '쿨' 하기 이를 데 없다.

이 이야기도 옛사람들의 인생관이며 인간관을 음미해보게 한다.

사람이 살면서 특별히 남에게 모질거나 못되게 구는 일 아니면 옛날 사람들은 허용하는 폭이 참 넓었던 듯싶다. 인생의 이런저런 국면을 침묵 속에서 지켜보고 묻어주고 순하게 넘어가는 그 폭, 삶의 여러 국면을 순하게 수용하는 폭 말이다. 기록자의 시선도 그렇고, 황진이나 이사종의 태도와 자세도 인상적이라 할 만하다.

마등이 아난을 어루만진 것처럼

어쨌든, 진이는 좀 짓궂기도 해서 남자들을 시험해보고 약 올리기도 잘했던 것 같다. 화담 선생의 사람됨을 사모하여 매양 거문고를 메고 술을 걸러서 찾아가 놀다 돌아오곤 했는데, 진이가 밤을 틈타 "마등이 아난을 어루만진 것처럼" 여러 날을 유혹했으나 별일 없었다는 일화는 너무도 유명하다. 화담 선생은 그녀의 지독한 시험을 통과해서 더욱 명성이 높아졌지만, 대개는 지족선사처럼 위신이 추락하거나 골탕을 먹었던 듯하다. 이덕무의 『사소절』에는 만석彙碩 놀이가 소개되어 있는데, 그것이 바로 송경松京 대흥사大興寺의 중이 황진이에게 매혹되어 수도를 망친 것을 희롱하는 놀이라고 한다. 이덕무의 『청비록』「시기詩妓」에는 역사상 시를 제일 잘 지은 기녀로 황진이를 꼽으면서, 이런 얘기를 기록해두었다.

어느 날 땅거미가 질 때 진이가 비를 피하려고 어느 선비의 집을 찾아들었다고 한다. 그런데 그 선비가 환히 밝은 등불 밑에서 그녀의 너무도 아름다운 자태를 보고서도 마음속으로 도깨비나 여우의 넋이 아닌가 하고 단정히 앉아 귀신 쫓는 경전인 『옥추경玉樞經』을 끊일 새 없이 외어댔다는 것이다. 진이가 그를 힐끗 돌아보고 속으로 웃으며 있다가, 닭이 울고 비가 개자 그 선비에게 "그대 또한 귀가 있으니 이 세상에 천하 명기 황진이 있다는 말을 들었을 거요, 바로 내가 황진이라오" 하고 일어나니, 그 선비는 그제야 아쉬워했다는 것이다. 진이가 소심한 서생을 놀려먹었던 것이다. 화담 선생은 그녀에게 욕정이 없었고 소심한 선비는 상황 판단을 못 했던 것이라서, 그 점을 진이가 정확히 꿰뚫어보며 심리전을 했다고 생각된다.

격조 높은 이별의 정서

황진이가 남긴 시를 보면, 그녀가 얼마나 예민하며 총명하고 사람 심리에 관통했는지 짐작이 간다. 그녀의 시는 한시가 4수, 시조가 6수 전해온다. 그중에 판서 소세양을 송별하는 자리에서 읊었다는 시를 보면 이렇다.

달빛 아래 뜨락에 오동잎 지고	月下庭梧盡
서리 맞은 들국화 시들었는데	霜中野菊黃
누각 높아 하늘 아래 한 자요	樓高天一尺
사람 취하여 술은 천 잔이라.	人醉酒千觴
흐르는 물은 거문고에 화답하듯 차갑고	流水和琴冷
매화는 피리 소리 속에 향기롭네.	梅花入笛香
날 밝아 서로 헤어지고 나면	明朝相別後
정은 푸른 물결과 길이 흐르리.	情與碧波長

진이가 이 시를 읊자, 그때 함께 자리한 손님들이 모두 서로 미루면서 감히 화답하는 자가 없었다고 한다. 아닌 게 아니라 정말 명편이다. 짧은 순간에 운韻자 지켜야지, 대구對句 살려야지, 글자마다 평측平仄 지켜서 배치해야지, 그러면서 자기가 하고 싶은 말을 해야 하는데 그게 쉬운 일인가. 더군다나 즉석에서 짓는 것이니 말이다. 이 시는 율시의 함련과 경련의 대구도 기가 막히지 않나! '누각 높아'와 '사람 취하여', '하늘 한 자'와 '술 천 잔'이, '유수'와 '매화', '거문고에 화답하듯 차갑고'와 '피리 소리 속에 향기롭네'가 절묘하게 짝이 맞다. 그런데다 시의 발상 전체와 정서의 흐름이 얼마나 고급하고 품위가 있는가. 이별의 시점으로는 달빛 아래 오동잎 지고, 서리 맞은 들국화는 시들어 쓸쓸한 정황이 자연의 풍광에 스며있고, 그런 가운데 서로 헤어짐이 아쉬워서 밤이 이슥토록 술을 마

시며 자리를 파할 줄 모르는 상황이다. 그런데도 비장하거나 애처로운 눈물이 범벅이 된다거나 매달려 징징거리는 그런 정서는 없다. 아쉬움이 담담하게 절제된 가운데 큰 믿음으로 뒤를 보장해주고 있다. '헤어지고 나면 끝이 아니라, 정이 푸른 물결과 같이 길이 길이 흘러 시간 속에 함께 흘러가리라'는 것이다. 작별하는 사람들 서로 간의 믿음과 그리워하는 정서가 큰 강처럼 유유히 흐르게 만들지 않는가. 이런 시가 어떻게 흔할 수 있겠는가. 이것은 기녀의 정서라고 하기 힘든 참으로 고급한 발상이요, 정서이다. 매달려 애원하는 눈물 한 방울 없이, 크고 넉넉한 이별을 노래하는 마음이 마치 큰 선비들의 우정 같지 않은가!

황진이가 남긴 시조 네 수

황진이는 이별을 할 줄 아는 사람이었던 듯하다. 한시만 저리 멋진 게 아니라 시조 또한 사람을 감탄케 한다. 남겨진 6수 가운데 너무도 유명한 2수를 제외하고 4수의 솜씨를 살펴본다.

청산은 내 뜻이오 녹수는 임의 정이
녹수 흘러간들 청산이야 변할 손가

녹수도 청산을 못 니저 우러 예어 가는고.

이 시조 역시 이별의 순간에 믿음을 심고 있다. 나의 마음은 청산과 같이 변함이 없다. 그 자리에 한결같이 있다. 당신의 정이야 푸른 물결처럼 흘러가지. 당신의 마음이 그렇게 흘러가고 변한다 해도 나는 변함없다. 하지만 그렇게 흘러가는 당신의 마음인들 뭐 그리 편하랴. 청산을 못 잊어 소리 내어 울며 가는 것, 내가 다 알고 있다. 이런 식이다. 이렇게 배려하고, 이렇게 어르고 달래니, 누가 그 앞에서 맥을 출 수 있었을까? 심리를 파악하고 줄다리기하는데 도가 통하지 않고서야 이럴 수가 있을까. 황진이의 이별 정서는 한시와 시조가 일치한다. 떠나가는 사람을 원망하며 궁지로 몰지 않는다. 오히려 자신의 사랑에 대한 믿음을 심고, 떠나가는 사람의 심정을 좋게 헤아려 배려하고, 뒷날의 전망을 밝게 틔워두는 것이다. 이런 정도라면 대단한 사람, 대단한 시조라고 하지 않을 수 있을까? 황진이가 심리전의 도사인 면모를 보여주는 또 한 수의 시조는 이것이다.

어져, 내 일이야. 그릴 줄을 모로던가
이시라 하더면 가랴마는, 제 구태야
보내고 그리는 정은 나도 몰라 하노라.

"아이구, 내가 저질러놓은 일이여, 이렇게 그리워할 줄 몰랐단 말인가. 있으라고 붙잡았더라면 그가 구태여 갔겠는가마는, 보내놓고 그리워하는 이 마음은 나도 모르겠다"라며 탄식을 한다. 이 시조 역시 자존심을 걸고 사랑의 줄다리기를 하고 있다. 한마디만 하고 붙잡았으면 그가 떠나지 않았을 텐데, 결국 황진이도 그 말 한마디 아끼고 '님'이 가도록 내버려둔 것이다. 보내야 할 때는 보낼 줄 아는, 팽팽한 긴장관계를 통해 애정을 지키는 모습이 엿보인다. 이런 황진이와 누군들 느슨하게 방심하면서 사랑할 수 있었을까?

그러나 아무리 천하의 황진이라도 기녀란 어쩔 수 없는 존재다. 역시 이 사람 저 사람 떠나가고, 신의 없이 소식을 끊고 해서 쓸쓸한 때가 많았을 것이다. 황진이는 그 고독함과 쓸쓸함을 이렇게 읊었다.

산은 옛 산이로되 물은 옛 물이 아니로다
주야에 흐르거든 옛 물이 이실소냐
인걸도 물과 같도다 가고 아니 오노매라.

자기 자신은 산과 같이 옛날 그대로 있지만 인걸들은 물과 같이 떠나가서는 되돌아올 줄 모르고, 다들 한번 거쳐 가버리면 끝이다. 그 무수한 이별이 남긴 쓸쓸함과 텅 빈 고독감을 자연에 빗대어 은근하게 드러내고 있다. 그런데 이 시조 또한 아름답기 그지없다. 원망이 없고 현상만 지적해두는데, 읽는 사람 마음이 오래오래 아프도록 만든다. '인걸도 물과 같도다, 가고 아니 오노매라' 하며, 가고 나서는 아무도 아니 오는 현상을 짚어두었을 뿐인데, 그 서운함과 텅 빈 고적감, 기다리는 마음이 확 느껴지면서 사람 마음을 시리도록 한다. 그런가 하면 불특정 다수가 아니라 구체적인 어떤 대상에게 마치 배신당한 듯한 상황을 읊조린 시조도 있다.

내 언제 무신하여 님을 언제 속였관대
월침月沈 삼경三更에 온 뜻이 전혀 없네.
추풍秋風에 지는 잎 소리야 낸들 어이하리오.

자신은 신의를 지키지 않은 적이 없고, 님을 속여본 적이 없는데, 님은 온다고 해놓고 아니 온 상황이다. 달이 지려 하고 삼경이 되었는데도 님이 올 낌새는 전혀 없어 보인다. 그런데도 나뭇잎만 버스럭 하면 님인가 싶어 내다보게 되는데, 그 초조한 기다림 끝에 나온 황진이의 대응은 참으로 넉넉하다. 체념이 깔려 있기는 하지만 '추풍에 지는 잎 소리야 낸들 어이하리오' 라고 모든 것을 내려놓고 후련하고 가볍게 끝맺지 않았나. 나뭇잎 하나 질 때마다 온 신경이 다 쏠려서 잠을 이루지 못하고 초조히 기다리면서도 원망 없이 체념하는 저 경지가 보통일까?

황진이의 죽음을 둘러싼 두 개의 기록

이렇게 재예와 개성을 발휘하며 한 세상 풍미하던 황진이는 죽음이 가까워오자 이렇게 부탁했다고 한다. "나는 살면서 성품이 분방하고 화려한 것을 좋아했소. 죽은 뒤에도 나를 산골짜기에 장사 지내지 말고 마땅히 큰길가에 묻어주오"라고 말이다. 그리하여 그의 무덤이 송도 큰길가에 있다고 전한다. 『어우야담』에 있는 말이다.

그런데 그이의 출생이 그러하듯, 죽음 또한 완전히 다르게 묘사된 기록이 있다. 김택영의 『합간 소호당집』은 황진이의 전傳에서 죽음을 이렇게 기록하고 있다.

"황진이 죽게 될 즈음, 집안사람에게 부탁하기를 '저는 천하 남자를 위하여 자신을 사랑할 수 없다가 이 지경에 이르게 되었습니다. 만일 제가 죽거든 수의도 관도 쓰지 말고, 옛 동문 밖 물가 모래밭에 시신을 내버려서 개미와 땅강아지, 여우와 살쾡이가 내 살을 뜯어 먹어 세상 여자들로 하여금 저를 경계 삼도록 해주세요'라고 했다. 집안사람이 그 말대로 했는데, 한 남자가 그 시신을 거두어 묻어주었다. 지금 장단長湍 입우물재 남쪽에 황진의 무덤이 있다."

이 두 기록의 관점은 정말 하늘과 땅의 격차를 보인다. 이것은 물론 그 당시의 한문 기록 양식과 깊은 상관성이 있다. 야담은 자유롭게 기록하는 필기 산문이라서 특별한 형식과 목적의식에 구애되지 않고 쓰기에, 나쁘게 보면 산만하고 좋게 보면 그 진실됨이 자연스럽다. 숨겨진 사실, 떠도는 소문 이런 것을 위주로 흥미로운 인물과 사안에 대해 간결하면서도 생동감 있는 묘사가 가능하다. 이 때문에 야담은 문학적이고, 윤리적·교훈적 논평으로부터 일정한 거리를 유지하면서 자유로운 관점을 제시할 수 있다는 것이 특징이다. 또 작자의 관점과 지적 관심, 나아가 감성 취향에 기울어진 글을 써도 아무 문제가 안 된다. 그 점이 오히려 작자의 개성을 드러내니 말이다.

그런데 인물 전傳의 경우는 다르다. 전은 사실에 충실한 기록을 해야 하고, 끝부분에는 그 생애에 대해 논평을 하는 부분이 있다. 태사씨왈太史氏曰, 사씨왈史氏曰, 논왈論曰 하면서 인물의 장단점을 역사적 도덕적 잣대로 비평하는 것이다. 그 부분에서는 누구라도 매우 윤리적인 재단을 하게 될 수밖에 없다. 그러니 유교적 윤리 기준으로 황진이의 삶을 논평하면 저런 쓰라린 후회, 자학적 반성을 한 것으로 기록하게 될 법하다. 기녀가 될 때 자학적인 동기로 되었던 만큼 죽을 때도 그런 자학적 후회를 남겼던 것으로 해야 글이 완성될 수 있었을 것이다. 글의 양식이 내용적 특징을 제약한 흔적으로 보인다. 물론 작자의 관점이 그런 양식을 택하게 만들었으리라.

담대하고 호쾌한 기녀

어쨌거나 오늘날의 시각으로 보면, 유몽인의 『어우야담』이 견지하는 관점에 한층 공감이 간다. 황진이가 남긴 일화나 시, 시조를 보라. 그녀가 어떻게 어리석은 자학을 하는 여자이겠는가? 황진이는 미모보다는 재예, 재예보다는 본질적 총명함, 그 총명함보다도 더 뛰어난 것이 담대한 마음과 호쾌한 성격이었다. 바로 황진이의 그런 점이 그리워서 천하의 임제도 평안도사로 부임하러 가는 길에 그녀의 무덤에 들렀을 것이다. 백호 임제가 송도를 지나면서 진이의 묘에 축문을 지어 제사 지냈다가 조정의 비방을 받아, 부임지에 도착하기도 전에 파직되었다는 일화는 너무도 유명하지 않은가. 백호 같은 이가 황진이의 인간상을 그리워한 것이 아니라면, 그녀의 무덤을 왜 찾아갔겠는가? 이목구비에 마음이 홀리는 것은 싸구려 풍류일 뿐이다. 백호의 풍류쯤 되니까 이미 죽어버린 기녀의 삶과 마음, 그 인간됨과 시심을 짚어보고 그리워하는 것이 아닐까. 그런 풍류가 어디 흔한 것이겠는가? 역사상 전하는 것은 그 한 번뿐이다.

이런 그리움을 받을 정도면, 진이의 삶에 무슨 미련이며 여한이 있을까. 돈 많거나 출세한 남자에게 잘 보여서 팔자를 고치려는 여자들이 모래알처럼 많고 흔한 요즘, 황진이의 주체적 마인드를 생각하게 된다. 황진이는 윤리 도덕적이진 않았지만, 몸의 안일과 사치를 위해 자기 마음과 정신을 팔지도 않았다. 천한 신분, 불리한 조건 속에 태어나 불행하게 살다 갔지만, 다만 그의 총명함과 지혜로움은 금싸라기처럼 여전히 빛을 발하고 있다. 낮고 험하고 천한 자리에서 자기 생을 주체적으로 주도하는 한 전형을 보여준 사람이다.

백호 임제가 진이를 그리며 지은 시조를 나직이 읊조려본다. 황진이의 혼이 있다면 기뻐할 것이다.

청초 우거진 골에 즈는다 누엇는다

홍안은 어듸 두고 백골만 무쳣ᄂ니

잔 자바 권ᄒ리 업스니 그를 슬허ᄒ노라. 🏮

세상의 모든 사물은 그 자체가 원래 지닌 기능과 가치가 아무리 훌륭하더라도, 그것을 잘 알아보고 활용할 수 있는 소유자와 만나지 못하면 활용가치가 빛나지 않는다. 운전할 줄 모르는 사람에게 자동차는 철물덩어리에 불과하지만, 운전하기를 좋아하는 사람에게는 값비싼 이동 도구가 되는 것처럼 말이다. 예술의 세계에서는 그런 특성이 더욱 뚜렷하여 아무리 값나가는 그림도 누구에게는 낙서처럼 보이고, 콜로라투라 소프라노의 소리가 아무리 고와도 누구에게는 소름끼치는 귀신 소리로 들리는 것은 어쩌지 못한다. 그런 점을 곰곰이 생각해보면 예술가와 애호가, 예술가와 후원자의 만남이란 보통 사건이 아니다. 상림춘上林春은 이런 관계를 찬찬히 되짚어 생각하게 만드는 15세기 말에서 16세기 전반기의 톱스타였다.

이름을 널리 알린 한 편의 시

상림춘은 아마 황진이보다 조금 앞선 시기에 활동했던 듯한데, 그의 인적 사항은 별로 알려진 바 없고 몇 가지 흥미로운 일화만 전할 뿐이다. 『조선왕조실록』 연산군 10년(1504) 7월 7일조 기사에 임금이 대비전 잔치를 지시하면서 이런 명을 내린다.

"오늘은 7월 7일이므로 대비전에 소연小宴을 올린다. 장악원 관원으로 하여금 기녀를 거느리고 선인문宣仁門으로 가게 하라. 완산월完山月·상림춘上林春·광한선廣寒仙은 다 기예를 잘하는 자이니라."

이것만 보아도, 이미 상림춘은 재예가 나라 전체에 알려져 임금이 직접 누구를 참여시키라고 할 만큼 인정받고 있음을 알 수 있다. 상림춘은 거문고와 북을 연주하는 것이 뛰어났고 시를 잘 지은 것으로 알려져 있다. 하지만 처음에 그녀가 유명해지고 문헌에 길이 이름을 남기게 된 것은 참판 삼괴당三魁堂 신종호申從濩, 1456~1497의

궁중 소연에 들어가기 전 상림춘도 연회장 담장 너머에서 차례를 기다렸을 터이다. 햇살이 따사로운 뜰 안에서 살포시 선잠이 들곤 했을 것이다. 기녀의 춤사위는 한가롭고 또 무심하다. 한낮의 시간은 품이 넓은 소매의 곡선을 따라 천천히 흐른다. 누가 열린 문틈으로 그윽한 시선을 던지고 갔는가. 기녀의 가느다란 눈매가 방금 사라진 시선의 흔적을 떠올리고 있는 듯하다.

시 때문이었다. 신참판이 상림춘을 몹시 총애하여 늘 돌봐주었다고
하는데, 그녀가 종루 곁에 살고 있을 때 신참판이 그곳을 지나며 즉
흥적으로 시를 지었다는 것이다.

제 오교 머리에 아지랑이 버들가지 비스듬한데　　　　第五橋頭煙柳斜

느지막이 바람 부는 날, 더욱 맑고 따뜻해지네　　　　晚來風日轉淸和

담황 비단 열두 주렴에 미인은 옥과 같고　　　　　　緗簾十二人如玉

청색 패옥 찬 사신詞臣은 말이 가는 대로 지나간다　　青瑣詞臣信馬過

이 시는 금방 퍼져나가 애송되었고 그에 따라 상림춘의 이름도
배나 값이 뛰었다. 시 행간에 봄날의 정취와 설렘, 그리움과 관조하
는 여유로움이 절묘하게 스며 있으니 어찌 즐기지 않을 수 있겠는
가? 이 시를 어떤 호사가는 그림으로 그리고, 그 그림 끝에 이 시를
써넣었다 한다. 그 뒤에 판부사 정사룡鄭士龍이 7언 율시를 지어주
고, 우의정 정순붕鄭順朋, 영의정 홍언필洪彦弼, 우의정 성세창成世昌,
찬성 김안국金安國 · 신광한申光漢 등 여러 공이 연이어 화답하여 드디
어 시첩을 이루었다고 한다. 심수경沈守慶, 1516~1599은 『견한잡록遣閑雜
錄』에 이런 이야기를 기록하면서 "나도 소싯적에 상림춘을 보고서
책 끝에 시를 쓴 일이 있으나 지금 어디에 있는지 모르겠다"라고 써
두었다.

조선의 시인들, 거문고의 매력에 빠지다

상림춘에 대한 이와 대동소이한 이야기는 다른 문헌에도 실려 있다. 어숙권魚叔權의 『패관잡기稗官雜記』에는 그림을 그린 호사가는 이상좌李上佐라고 밝혀두고, 앞의 일화 이외에 정호음鄭湖陰의 율시 한 수를 더 소개했다. "거문고에 능한 기생 상림춘이 나이 72세인데, 그 기능은 쇠하지 않았으나 옛일에 감상이 일면 항상 거문고 채를 놓고 눈물을 떨어뜨리므로 성조에 원망하는 것이 많다. 매양 와서 시를 구하여 죽은 뒤에 이름을 남기고자 하니, 그 견고한 간청을 불쌍히 여겨 율시 한 수를 써준다"라는 짤막한 서문이 첨부되어 있는 시다.

열세 살에 의란조를 배워	十三學得猗蘭操
이원법부의 꽃떨기 가운데서 기예를 이루었네	法部叢中見藝成
귀공자들 두루 만나 친밀한 자리를 이었고	遍接貴遊連密席
궁중 기적妓籍에도 통하여 새로운 소리를 연주했네	又通宮籍奏新聲
어여쁜 꾀꼬리 소리 비 지난 꽃 사이에 매끄러운 듯	嬌鶯過雨花間滑
가늘게 방울져 한밤중 바위틈 샘물 바닥 울리는 듯	細溜侵宵澗底鳴
시 짓는 재주, 끝내 백락천에게 부끄러우니	才調終慚白司馬

기녀들의 재예는 어릴 때부터 고된 훈련을 거쳐 완성된다. 거문고는 장중한 음색으로 인해
선비들이 사랑한 악기였다. 특히 거문고에 능했던 상림춘은 13세에 공자의 의란조를 마스
터했다고 한다. 남성적인 운치를 갖고 있는 이 곡을 어린 기녀가 멋들어지게 연주했으니
누군들 매혹되지 않겠는가. 사진 속의 두 어린 기녀는 거문고와 양금을 연주하고 있다. 거
문고의 그윽한 맛과 양금의 영롱함이 어우러진 공명이 찢어진 문창을 울리는 듯하다.

어찌해야 능히 그녀의 아름다운 이름 길이 전할까　　　豈能商婦壽佳名

의란조猗蘭操는 공자가 지었다는 금곡琴曲의 명칭이다. 공자가 위衛
나라로부터 노魯나라에 돌아와서 향기로운 난초가 홀로 무성한 것
을 보고 한숨 쉬며 말하기를, "난초가 마땅히 왕을 위해 향내를 풍
겨야 할 것인데 이제 홀로 무성하여 여러 풀과 더불어 짝이 되었구
나" 하며, 스스로 때를 만나지 못했음을 마음 아프게 여겨 지었다는
곡이다. 이것은 공자 이래로 만고의 선비들이 운치 있게 생각하며
아껴 들었던 곡인데, 상림춘이 이를 열세 살에 마스터했다는 것이
다. 이원법부梨園法部는 왕실 음악기관, 즉 장악원을 가리킨다. 상림
춘은 궁궐에서도 이미 기예로 알려졌기에 귀공자들과 두루 친하게
지낼 수 있었던 터였다.

신흠申欽의 『상촌집象村集』「청창연담晴窓軟談」 하편은, 신참판공이
죽고 상림춘도 노년에 접어들자 공의 시로 첩貼을 만든 다음 귀족
자제에게 가지고 가서 그 제목대로 시를 지어달라고 청하는 한편,
명공名公과 거경巨卿에게도 모두 애원하며 시를 받아냈다고 전한다.
상촌은 그 차운한 것 가운데 모재慕齋 김안국金安國의 「노기老妓 상림
춘의 거문고 연주를 듣고 느낌이 있어서」를 으뜸으로 손꼽았다. 그
러면서 이 시는 슬픔과 원망의 감정을 격렬하게 표현하고 있다고
평했다. 아마도 상림춘의 처지에다 모재 자신이 시골에 내려가 있
던 당시의 심정을 은근히 빗댄 듯하다고도 했다. 바로 이 시다.

모습은 늙었어도 여전히 경국의 솜씨 남아 있으니 容謝尙存傾國手

애절한 거문고 가락에 밤 깊어 노래를 불러보네. 哀絃彈出夜深詞

소리마다 빛나던 시절 저물었음을 원망하는 듯 聲聲似怨年華暮

뜬 구름 인생에 늙음이 찾아옴을 그댄들 어이하리. 畫爾浮生與老期

그런가 하면 허균은 『학산초담鶴山樵談』에서 "당나라 장우張祐와 최애崔涯가 창루娼樓에 제시題詩를 해주었는데, 만약 칭찬을 하면 네 말이 끄는 수레가 그 문을 메우고, 그들 시가 기생을 헐뜯으면 손님도 끊겼다. 기생의 명성은 이로 인해 열 배나 올랐다. 똑같이 이름 난 기생이로되 한 시로 그 값을 올릴 수도 내릴 수도 있었으니, 어찌 다만 기생뿐이겠는가? 대개 선비도 이와 같다"라고 하여, 누군가의 재능을 알아보고 비평하는 안목의 영향력을 귀히 여겼다.

문필의 풍류는 옛정을 그리워하고

훨씬 후대로 내려와 19세기의 선비 이규경李圭景은 『오주연문장전산고五洲衍文長箋散稿』를 쓰면서, '중국과 우리나라 기생의 근원에 대한 변증설' 조항에 신참판의 시를 거론하며 지금은 날로 세태가 비속해진다고 개탄하였다. "신참판의 시야말로 문아하면서도 해학이 어린 풍류라 이를 만하다. 그런데도 이 시로 말미암아 오랫동안 출셋길이 막혔으니, 풍기가 대단히 엄했던 탓이다. 지금은 춘화春畵 등속이 북경에서부터 우리나라에 유포되어 사대부들도 흔히 구경하면서 부끄러워할 줄을 모른다. 시 한 수로 인해서 출셋길이 막혔던 당시와 비유한다면 이를 어떻게 보아야 할 것인가?" 시를 써준 신참판은 출셋길이 막히고 그 시를 받은 상림춘은 일시에 유명해졌으니 그런 일도 다 있나 싶지만, 예나 지금이나 나라에 법도와 기강이 있으면 공직자가 톱스타와 구설수에 오르는 것을 금기시하는 풍토는 여전하다.

그래도 별다른 '부적절한 관계'가 없고, 오직 시만을 주고받는 일은 매우 격 있고 운치 있는 일로 여겼던 듯하다. 여러 문집 속에 상림춘의 시첩에 차운해준 시들이 남아 있는 것으로 미루어 짐작할 수 있는 일이다. 심의沈義의 『대관재난고大觀齋亂稿』에 「상림춘의 탄금시彈琴詩를 듣고서」라는 시가 있고, 홍언필洪彦弼의 『묵재집默齋集』에 「노기老妓의 시축에 쓴다. 기녀 이름은 상림춘인데, 거문고를 잘 연주한다」라는 시가 있으며, 홍섬洪暹의 『인재집忍齋集』에도 「상림춘의 시축에 쓴다」라는 시가 있다. 또한 호음 정사룡鄭士龍의 경우는 앞서 소개한 것 이외에도 『호음잡고湖陰雜稿』에 「금기琴妓 상림춘이 찾아와서」라는 시가 한 수 더 있다.

상림춘이 거문고를 타며 활동할 때 이렇게 최고의 문인들로부터 멋진 시들을 받았기 때문에, 그녀가 죽은 다음에도 그 시들에 차운하느라 쟁쟁한 문인들의 시가 또 쓰여졌다. 송인宋寅의 『이암유고頤庵遺稿』에 「고인이 된 기녀 상림춘의 시권詩卷에 쓴다」라는 시가 그런 경우다. 여기에는 짤막한 서문이 붙어 있는데, 봄에 상림춘이 죽고 그녀의 딸인 무산운巫山雲이 그 업을 전수받았는데, 이 시축을 보배로 여기며 사대부들 사이에서 계속 시를 지어줄 것을 요구하여 자신도 써준다는 내용이다. 뿐만 아니라 18세기의 학자 황윤석黃胤錫의 문집 『이재유고頤齋遺藁』에도 모재의 시에 화운하느라 상림춘의 이름이 거론된 시가 있는 것을 보면, '문필의 풍류'란 그 영향력이 얼마나 지대한가.

어쨌든 간에 한 시대를 풍미한 이 쟁쟁한 시들은 모두 상림춘의 존재가 이끌어낸 것이다. 이 얼마나 긴요한 만남인가! 문필의 힘을 만나지 못했다면 금기 상림춘의 존재는 역사 속에 묻혀버리고 말았을 것이다. 상림춘의 음악과 예인적 자취는 이제 시로 전해올 뿐이지만, 시적 여운과 함께 길이길이 전해지리라. 그 출발은 참판 신종호의 애호하는 마음이 깃든 한 수의 시였다. 그러고 보면, 타인의 재능을 알아보고 진심으로 아끼는 것은 참 거룩한 일이 아닌가. ✿

1605년(선조 38) 겨울 허균許筠, 1569~1618은 명나라 황제의 장손 탄생을 축하하는 사신으로 가는 유근柳根을 따라 길을 함께 나섰다. 이때에 「병오기행丙午紀行」을 남겼는데, 정월 초 7일에 성천에 도착했을 때의 일화를 이렇게 기록했다.

성천부사 이거용李巨容이 술자리를 성대하게 차려놓고 노래 시키기를 청하여 허락하였더니 기생 넷이 들어와 인사를 하는데, 그중 한 명은 생김새가 매우 곱지 않았다. 내가 '저 아이는 분명 노래를 잘할 것이다' 하니, 여인이 '어떻게 아는가?' 하기에 내가 '재주가 없으면 어떻게 이 자리에 낄 수 있겠는가?' 하였더니, 방 안에 있던 사람들이 한바탕 웃었다. 그 기녀는 과연 노래를 잘하였다. 발성이 맑고도 웅장하여 평안도에서 제일이겠는데 곡조에 맞지 않는 것이 흠이었다.

민족문화추진회 역

"미인 소박은 있어도 박색 소박은 없다"는 옛말이 있다. 못생긴 사람은 그만큼 내면에 다른 재주나 덕성을 품고 있어서 훨씬 매력이 깊음을 뜻한다. 이 일화에서는 허균의 처세하는 모습이 은근히 눈길을 끈다. 어느 정도 수준이 되는 자리에 참석한 사람은 모두 무엇인가 그만한 자격을 갖추고 있음을 잊지 않고, 못생긴 기녀에게도 예우를 하는 모습 말이다. 허균도 어려서 석개의 이름을 들었기에, 「성옹지소록惺翁識小錄」에 "노래로는 기생 영주선瀛洲仙과 송여성宋礪城의 여종 석개石介를 모두 제일이라 하였다"는 기록을 남겼다. 아마 허균이 실제 석개를 만나봤으면 훨씬 더 흥미진진한 기록을 남기지 않았을까 싶어 아쉽다.

하루 종일 노래만 부르는 계집종

석개는 우리나라 역대 여자 명창 중에 가장 못생긴 명창으로는 상당히 상위권에 들지 않을까 싶게 기록되어 있다. 유몽인은『어우야담』에서 그를 늙은 원숭이 얼굴에다 좀 대추나무로 만든 화살같이 째진 눈을 한 여자 종이라고 묘사했다. 석개는 아이 때 지방에서 올라와 시종으로 충당되었는데, 곧 중종의 딸인 정순옹주와 혼인한 여성군礪城君 송인宋寅, 1516~1584의 집으로 가게 되었다. 그 집은 세력 있는 부호가여서 곱게 화장하고 화려하게 꾸민 무수한 미인들이 좌우에서 응대하고 있었으므로, 석개는 나무통을 이고 물 길어오는 일을 했다.

그런데 석개는 물을 길러 우물에 가면 물통을 우물 난간에 걸어놓고는 나무꾼이나 나물 캐는 아녀자들이 부르는 노래 같은 것을 종일토록 부르다가 저녁에는 빈 통을 가지고 돌아왔다. 매를 맞아도 그 버릇을 고치지 못하고 다음 날에 또 그렇게 했다. 나물을 캐오라고 광주리를 들려 교외로 내보내면 광주리는 들판에 놓아둔 채 노래를 불렀다. 작은 돌멩이를 많이 주워 모아놓고 노래 한 곡 부를 때마다 돌멩이 하나를 광주리에 집어넣으면 곧 광주리가 그득해졌고, 그러면 다시 노래를 불러 한 곡이 끝나면 광주리의 돌을 하나씩 들에 던지기를 반복하다가 날이 저물어서야 빈 광주리를 들고 돌아왔다. 매일 맞아도 역시 그렇게 하니, 결국 여성군까지도 그 사실을 알게 되었다. 여성군은 기이하게 여기고 석개에게 노래를 배우게 했다. 풍류를 아는 귀족의 도량을 보여주는 대목이다.

사진 속의 어린 기녀들은 저마다 능력이 달랐을 것이다. 기녀들이라고 모두가 재색을 겸비했던 것은 아니었다. 단 하나의 재능만으로도 양반들의 사랑을 담뿍 받은 기녀들도 수두룩하였을 것이다. 그때와 지금의 미인에 대한 기준은 다르겠지만 당대의 명창 석개는 누구나 인정한 추녀였다. 게다가 못생겼다는 기록까지 여럿 남아 있으니, 반대로 얼마나 노래를 잘했는지 능히 알 만하다.

가을하늘을 붙잡아 내리는 나직이 부르는 노래

그 덕분에 석개는 근래 백여 년 만에 처음 본다는 평을 들을 만큼 장안 최고의 명창이 되었고 춤도 잘 추어서 당시에 견줄 만한 이가 없는 존재가 되었다. 까닭에 영의정 홍섬, 좌의정 정유길, 영의정 노수신盧守愼, 좌의정 김귀영金貴榮, 영의정 이산해李山海, 좌의정 정철鄭澈, 우의정 이양원李陽元과 심수경沈守慶, 1516~1599이 연이어 화답하여 큰 시첩을 이루어 주기도 했다. 심수경은 "천한 여자의 몸으로 여러 명상名相들의 시를 얻었으니 빼어난 예술이야 어찌 귀하지 않으리오?"라고 하며, 석개의 예술적 재능을 크게 평가했다. 정유길의 시「석개의 시첩에 쓴다」에는 송인과 이웃하여 살며 함께 음악을 듣던 시절이 그려져 있다.

몽뢰정은 원래 수월정의 이웃이라 　　　　　　　　夢賚元爲水月隣

두 늙은이 온 강의 봄을 나누어 차지했지. 　　　　兩翁分占一江春

그대 집에서 음악을 연주하면 우리 집에서 들으며 　君家奏樂吾家聽

그 빼어난 풍치 부러워 입맛을 다셨다네. 　　　　絶勝屠門大嚼人

꽃은 뿌리며 꼭지 없고, 달도 흔적 없는데 　　　　花無根蔕月無痕

백발이 되어 옛 술자리를 추억하네 　　　　　　　白髮追思舊酒樽

가던 구름 절로 멈춤, 게으르다 마오   莫漫行雲空自遏

나를 위해 나직이 감군은 불러주노니.   爲予低唱感君恩

몽뢰夢賚는 정유길鄭惟吉, 1515~1588의 정자 이름이다. 정자를 사고
보니 전에 꿈에 보았던 경치와 꼭 같았으므로 그 이름을 '몽뢰'라고
지었다는 것이다. 그곳에서 석개가 부르는 '감군은'을 듣고 벗과 함
께 술을 마셨던 일을 추억하는 시인데, 여성위礪城尉 송인의 별장인
수월정은 경치가 아주 좋았던 모양이다.

상촌 신흠申欽, 1566~1628은 7월 16일에 이수준李壽俊 등 여러 벗과
함께 소동파의 뱃놀이 기분을 내며 수월정에 가서 놀았다. 그의 시
「동호의 수월정에서 노닐다游東湖水月亭」 소서小序를 보면 "여성위는
문장과 인망으로 당시에 우뚝 드러났고, 서법書法에 더욱 뛰어나 왕
희지王羲之의 경지를 얻었으므로, 한 시대 금석문의 글씨가 모두 그
의 손에 맡겨졌다. 나도 여성위를 직접 보았는데, 아름다운 풍채가
단아하고 묵중하며 미목이 그림같이 생겨 참으로 귀공자의 풍격이
었다. 그의 집에는 석개라는 가기歌妓가 있었으니, 대체로 옛날 진청
秦青* 같은 유였다. 여성위는 이미 이 정자의 좋은 경치를 소유한 데
다 또 성기聲妓에 대한 오락까지 소유하여, 태평시대에 청복淸福을
누리고 끝내 부귀로 생을 마쳤던 것이다"라고 써두었다. 수월정의

---

* 옛날에 노래를 잘하던 사람의 이름.

지금도 뱃놀이는 육지에서 노는 것과는 다른 즐거움을 준다. 물살이 세지 않은 강이나 호수 위를 느긋하게 떠다니는 배 위에 오르면, 누가 시키지 않아도 자연스레 노래가 입가에 맴돈다. 아마도, 물결에 따라 배가 출렁이면서 승선한 사람의 몸에 리듬을 부여하는 게 아닐까? 그런 연유에서 조선시대 뱃놀이에도 노래가 빠질 수 없었을 것이다. 당연히 명창은 그 뱃놀이의 가장 중요한 승선객일 테고 말이다.

경치와 그 주인의 고상한 풍류가 무척 부럽게 생각되었던 듯싶다.

박지화朴枝華, 1513~1592 또한 "여성위 송인은 부귀한 가운데서도 아조雅操를 잊지 않았고, 스승과 벗을 존경하며 공손히 대접하였다"라고 추억하며, 송공이 저세상으로 떠난 후 여러 벗과 함께 석개의 노래를 들었다. 그러고는 「노래를 듣고聽歌」라는 시를 남겼다.

수월정 한강 물가 가을이 드니	主家亭子漢濱秋
달빛 의연히 물 따라 흐르네.	卿月依然逝水流
오직 하늘가에 봉황곡 있으니	唯有鳳凰天外曲
사람들 금전두 얼마인가 묻는구나.	人間贏得錦纏頭
흔들려 떨어짐은 송옥의 가을만이 아니요	搖落非徒宋玉秋
한 시대 인물들 모두 동쪽으로 흘러갔네.	一時人物盡東流
어찌 다시 금루곡을 들을까	何須更聽翻金縷
절현 당시 이미 백발이었으니.	絃絶當時已白頭

봉황곡은 수컷 봉새가 암컷 황새에게 사랑을 구하는 노래를, 금전두錦纏頭는 노래하고 춤을 추는 기생에게 주는 재물을 말한다. 금전두는 옛날에 손님이 기생에게 비단 등을 선사할 때 머리 위에 얹어주었기 때문에 그렇게 부르게 되었다. 석개 또한 수놓인 안장에 비단 옷을 차려입고 날마다 권세 있는 귀한 사람들의 연회에 불려가서, 전두로 받은 금과 비단이 집에 쌓일 정도였다고 한다. '송옥

의 가을'은 가을이면 으레 따라나오는 시어다. 전국시대 初楚나라의
문학가인 굴원屈原의 제자인데, 그가 지은 『초사楚辭』「구변九辯」이
"슬프도다, 가을의 절기여. 음산하고 거센 바람에 초목은 낙엽이 져
쇠퇴하였네"라고 시작했기 때문이다. 또한 금루곡은 당나라 두추랑
杜秋娘이 잘 불렀다는 「금루의곡金縷衣曲」이 아닌가 싶다. "그대여, 금
루의를 아끼지 말고 젊은 시절 아끼라. 꽃이 피어 꺾을 만하거든 곧
꺾을 것이요, 꽃이 없어진 뒤에 빈 가지만 꺾지를 마소"라는 내용의
노래가 금루의곡이니 말이다. 이런 사실들을 감안하여 위의 시를
읽어보면 수월정에서 듣는 그의 노래는 어쩐지 가을의 쇠락한 정취
와 어울려 있음이 느껴진다. 여성위는 이미 작고했고, 노래하는 석
개도 백발이니 더욱 그럴 것이다.

석개에게는 옥생玉生이라는 딸이 있었는데, 그녀 또한 제일가는
명창이 되었다고 전한다. 동악東岳 이안눌李安訥, 1571~1637은 그 옥아
의 노래를 듣고 「옥아가 작고한 인성 정대감의 사미인곡을 노래하
는 것을 듣고聞玉娥歌故寅城鄭相公思美人曲」라는 시를 지었는데, 여기 이
런 설명을 붙여두었다. "석개는 이미 죽었고, 지금은 대를 이어 아
옥阿玉이라 불리는 아이가 노래를 잘한다. 고당高堂에서 사미인곡을
불러보게 했는데, 듣고 있으니 인간 세상 곡조가 아닌 듯하다"라고.
그 어머니에 그 딸이라고 재능이 유전됐을 법하다.

남의 종을 해치려다 화를 입다

그런데 석개의 삶은 최후가 좋질 못했다. 그는 임진왜란이 일어난 후, 해주 행재소에 갔을 때 세력 있는 집안의 종놈이 자신의 말을 따르지 않자 그놈을 관가에 아뢰어 죄를 다스리려 하다가 살해당했다 한다. 노래에 대한 열정과 집념, 신화적인 노력으로 이룬 그 모든 성취를 바르게 갈무리하지 못하고 세상을 뜬 것이다.

석개는 노래를 불러 부를 쌓고 사회적으로 인정을 받은 데까지는 입지전적 인물이었다. 하지만 타인의 권세를 빌려 누군가를 해치려다가 결국 자신이 죽임을 당하고 말았다. 모든 게 헛되고 헛되도다 하는 말이 그의 생을 보면 떠오른다. 그의 삶은 그 수많은 노래를 부르면서도 승화되지 못했던 것 아닌가. 자기를 승화시키지 못한 노래, 그런 노래를 한평생 불렀다는 점에서 석개의 삶은 비극적이라 할 수 있겠다.

사람이 외모를 가꾸는 일도 어렵지만, 재능을 가꾸기는 더 어렵고 인격을 가꾸기는 더더욱 어렵다고 한다. 옷을 명품으로 갈아입는 것은 몇 분 걸리지 않는다. 몸매를 가꾸는 것도 길어야 1년이다. 하지만 좋은 사람이 되는 데는 한평생이 걸린다. 아무리 대단한 사회적 성취라도 대개는 한때의 수단이나 기능적 필요에 지나지 않으면 쉽게 잊혀버리는 법. 따뜻한 마음, 사랑의 마음이 삶에 두텁게

조선의 도도한 기생들은 지조를 목숨보다 소중히 여겼다. 혹
예술로 자신을 승화시킬 수만 있다면 얼굴 못생긴 것쯤이야 아
무렇지 않을 수도 있었다. 사진 속 기녀처럼 교태로써 양반들
의 시선을 끌지 못한다 해도…… . 하지만 삶에 진정한 마음이
짙게 깔려 있지 못한 경우라면, 아무리 사람 마음 뒤흔들어놓
는 목소리를 가졌다 해도 최후는 비참한 것이 되고 만다.

깔려 있어 감동을 준 경우에만 세월의 단층을 넘어 길이 기억되는 것이 아닐까 싶다. 좋은 사람 하나가 완성되는 데는 한평생이 걸리지 않던가. 순하고 아름다운 노래로 타인의 마음을 녹이면서 어찌자고 자신의 마음은 그렇게 독하게 지녔던 것인지……. 석개의 재능과 성취가 부질없게 느껴진다.

하지만 그 부질없음이 어찌 꼭 석개의 삶에만 해당되겠는가. 스포츠도 그 정신의 거룩함을 팽개친 채 돈을 벌기 위한, 몸값을 올리기 위한 수단으로 삼으면 천해지는 법이다. 그런 돈 좀 많이 받는다고 정신을 잃은 채 남을 괴롭히다가 자기가 화를 입으면 그게 무슨 의미가 있을까. 학문도 예술도 스포츠도 그것이 목적이 아니라 수단이 되어버리고, 의미며 정신을 놓쳐버릴 때 그 부질없음을 말해 무엇 할까. 그런 점에서 석개의 삶은 오히려 거울처럼 우리 자신의 삶을 되돌아보게 한다. ✦

높이 뜬 구름도 홀연 멈추어 서고

여자 명창의 대명사, 평양의 추월

18세기에 톱스타로 활동했던 노래 기녀 추월이에 대해 살펴보겠다.
먼저 이옥李鈺, 1760~1815의 시 「이언俚諺」'탕조宕調' 가운데서 두 수를
읽어본다.

단오선端午扇을 탁 치며	拍碎端午扇
나직이 계면조界面調로 부르니	低唱界面調
일시에 나를 아는 이들	一時知我者
하나같이 '묘하다, 묘하다, 묘하다' 하네.	齊稱妙妙妙

지금은 이 '추월秋月'이 늙었으나   卽今秋月老

몇 해 전엔 꿰어차고 갈 만했네.   年前可佩歸

문군文君이 무슨 직업으로 살 수 있을꼬?   文君何業生

나는 그의 시를 믿을 수 없네.   儂不信渠詩

『역주 이옥전집』, 실시학사 고전문학연구회 역

옛 사람들의 사랑 고백

시 속의 주인공, 즉 시 안에 등장하여 자기 심정을 말하는 여인은 노래 잘하기로 이름난 '추월'이로 설정되어 있다. 그가 부채를 탁 치면서 계면조로 노래를 부르면, 청중석에서 감탄이 터져나온다. 하지만 이제 자신이 늙었다고 생각하는 추월이는, 자신의 처지를 중국 한漢나라 때의 탁문군에 빗대며 앞으로는 무얼 하고 살아갈지 생각하고 있다. 아직까지는 자신에게 시를 지어 보내며 사랑을 호소하는 사람이 있긴 하나, 도무지 믿음이 가지 않기에 노후 걱정을 한다. 중국 촉나라 땅의 대부호 탁왕손의 딸인 문군이에 비추어 자신의 노후를 염려하는 것이다.

문군은 시집을 갔지만 청상과부가 되어 일찌감치 친정에 돌아와 있었던 여자다. 그러다가 집안 잔치에 노래하고 시를 지으라고 초대된 사마상여司馬相如의 '봉구황곡'을 듣고 반해서, 그날로 패물을 싸서는 둘이 멀찍이 도망가 살았다. 하지만 가져온 패물도 다 팔고 난 후 살림이 곤궁해지자 다시 친정 부근으로 돌아와 술장사를 하며 살았고, 나중엔 그들의 정분도 삐걱거렸다. 추월이는 바로 그 일을 염두에 두고 근심에 싸여 있다. 지금은 사랑을 고백하지만, 그런 남정네의 마음이 언제 변할지 불안했기에…….

옛날 사람들이 사랑 고백을 어떻게 했을까 싶지만, 표현력은 오늘날 그 어떤 시인도 그 어떤 풍류객도 따라가지 못한다. 얼마나 감칠맛이 나는지 감탄이 나올 때가 한두 번이 아니다. 기녀에게 반한 사람이 고백한 사설시조 가운데 이런 것이 있다.

네 날 보고 방싯 웃는 이 속도 곱고, 미워라고 홀기죽죽 흐기는 눈찌도 곱다.
창가唱歌 묘무妙舞는 반점단순半點丹脣 화반발花半發이요, 탄금수성彈琴數聲은 일쌍옥수一雙玉手 접쌍무蝶雙舞라
두어라 가금歌琴 절색絶色을 남 줄소냐.

박을수 편,『시조문학대사전』

네가 나를 보고 방싯 웃는 이 속도 곱고, 밉다면서 '홀기죽죽' 흘

겨보는 눈매도 곱다. 노래를 부르고 춤을 묘하게 추니 반쯤 벌린 붉은 입술은 반쯤 핀 꽃과 같고, 거문고를 연주할 때의 한 쌍의 옥 같은 손은 한 쌍의 나비가 춤추는 듯하다. 그만두어라, 노래하고 거문고 타는 뛰어난 미인을 남에게 줄까보냐. 이런 내용이다. "미워라고 홀기죽죽 홀기는 눈찌도 곱다"라는 표현은 정말 탁월하지 않은가. 이렇게 홀딱 반해서 시를 보내오고 편지를 보내고 하는 사람은 추월이에게도 있었다. 하지만 그렇게 좋다 하고도 변심하는 이들을 그럭저럭 보아왔으니 노후를 걱정할 터이다. 이옥의 시에 등장하는 추월이가 영조 때부터 명성을 날린 그 추월이인지, 어느 기녀가 자신을 추월이라고 빗대어 표현한 말인지, 아니면 시인이 노래 잘하는 여자의 대명사로 '추월이'라는 명칭을 쓴 것인지는 확실치 않다. 어쨌든 그 시를 통해서 '추월이'가 여자 명창의 대명사처럼 일컬어졌다는 사실만은 분명히 알 수 있다.

추월과 계섬의 든든한 후원자, 심용

홍신유洪愼猷, 1722~?의 「추월가」에 따르면 추월이는 본래 공주의 기생집에서 태어났다니, 기생의 딸이다. 그는 나이 열여섯 무렵에 노래 잘 부르는 것으로 이름이 서울에까지 울려 궁중 부마궁으로

오른발을 내딛는 무녀의 왼팔은 어깨 뒤로 접혀 있다. 이제 곧 오른발이 땅을 디디면 왼손을 감싸고 있는 청·홍·황·녹·백의 오색 한삼이 허공을 후려치면서 펼쳐질 것이다. 한 사위 한 사위 움직일 때마다 치맛자락 스치는 소리와 한삼 펼치는 소리가 악공들의 가락과 어울린다. 기녀들의 요염하고 구름 밟는 듯한 춤사위는 한삼자락에 의해서 절도와 활기까지 느끼게 한다.

뽑혀 올라갔다. 당시에 어떤 가객이 잡된 소리를 부끄러워하고 음악의 바른 길을 추구하였는데, 추월이가 그 가객을 따라 노래를 배워 1년 만에 천박한 느낌을 씻어내고 3년 동안 소리 공부를 하여 목청을 제대로 다듬었다는 것이다. 그리하여 마침내 추월이가 노래를 부르면 높이 뜬 구름도 홀연 멈춰 서고, 들보엔 여음이 감도는 경지에 올랐다. 그 노래의 신비로운 느낌과 감동이 그의 이름을 나라 안에 자자하게 만들었던 것이다. 추월이가 노래하고 바삐 활동하는 광경이 한 시에 이렇게 묘사되어 있다.

수풀 서늘한 정릉 골짜기며
연융대 시냇가 바위 위
달빛 하늘에 가득 찬 가을밤
꽃피어 따스한 봄날
파초선 떴다 서평군 양평군이요
학경거 타신 능창군 낙창군이라
휘황한 자리에 관악 현악 어울리고
수놓은 장막 술잔에 노을빛 흐르는데
춤추는 치맛자락 너울거려 돌고
노래하는 기생의 비녀 줄을 그어서
높이 뜬 구름도 홀연 멈추어 섰고
하늘 가득히 아스라한 산 푸르러라.

추월이 노래 한 곡 부르니

운소雲韶의 팔음이 조화되는 듯

흥겨움에 손뼉을 치니

옛 막수莫愁의 음악일런가.

여음이 들보에 감돌아 한아韓娥가 살아났나.

홍신유의 「추월가」 일부

임형택 편역, 『이조후기 서사시』

이 시에 그려진 바에 의하면 추월이가 노래하는 장소는 야외무대인 셈이다. 거기에 찾아오는 쟁쟁한 최고급 관객들, 그 무대의 화려함과 자연 풍광이 기막히도록 어울림은 물론이고, 그 무대의 최고 빛나는 절정이 추월이가 노래하는 대목으로 묘사되어 있다. 그런 그녀에게 매우 든든한 후원자 역할을 했던 사람은 풍류객으로 이름이 높았던 심용沈鏞, 1711~1788이다. 노래 잘하기로 유명했던 또다른 기생 계섬이를 후원했던 인물이기도 하다. 그는 재물에 대범하고, 의義를 좋아하고, 시와 연회에 안목이 높아서 장안의 잔치와 놀이에 그를 청하지 않고는 판을 벌일 수 없었다고 전하는 인물이다.

어느 날 심공이 익살스런 아이디어를 냈다. 가객 이세춘, 금객 김철석, 기생 추월·매월·계섬이 등과 초당에 앉아서 거문고와 노래로 밤 이슥히 즐기다가 "너희들 평양에 가보고 싶지 않으냐?" 해서,

모두들 가고 싶어하므로 하나의 이벤트를 계획한 것이다. 그들은 금강산 유람을 간다고 거짓 소문을 내고 평양 성내로 잠입했다. 이 내 모든 준비를 마친 다음 자신들의 놀잇배를 능라도와 부벽정 사이에 숨겨두었다.

다음 날 평양감사가 거창하게 잔치를 열자, 풍악은 하늘을 울리고 돛배가 강물을 뒤덮었으며 구경꾼이 인산인해를 이루었다. 감사는 층배에 높이 앉고 여러 수령들도 모두 모여서 잔치가 시작되었다. 심공이 노를 저어 나가 층배가 마주 바라보이는 곳에 배를 멈추었다. 그리하여 저쪽 배에서 검무를 하면 이쪽 배에서도 검무, 저쪽에서 노래를 하면 이쪽에서도 노래를 하여 마치 흉내를 내듯 했다. 저쪽 배의 사람들이 괴이하게 여기고 비선飛船을 내어 잡아오게 하였는데, 비선이 다가오면 이쪽 배는 달아나 종적을 감추었다가, 비선이 돌아가면 다시 나타나 거듭 그렇게 하곤 했다. 평양감사가 마침내 선장에게 비밀히 명령을 내려, 십여 척 작은 배가 나가 심공이 탄 배를 일제히 포위해서 그 배를 끌고 오도록 했다. 심공이 탄 배가 끌려오자, 심공은 주렴을 걷고 껄껄 웃었다. 감사는 원래 심공과 친분이 깊은 터라 그를 보고는 넘어질 듯 놀라며 반가워했고, 서로 노는 재미를 비교해 물어보면서 연회가 무르익었다. 그날 함께 간 악사와 기생들에게 많은 상금이 내려졌음은 물론이다. 그날의 놀이가 인산인해를 이루었던 구경꾼들에게도 얼마나 흥미진진하고 유쾌했을지, 환히 그려지지 않는가. 이들은 좀 짓궂긴 하지만 흥미롭게 게임을 하듯이 기획을 해서 놀이의 흥을 돋우고, 구경하는 이들의 흥미를 끌어가면서 서로의 즐거움을 증폭시켰던 것이다.

추월과 당대 최고의 예인들

이때 심용과 동행했던 가객 이세춘, 금객 김철석, 기생 추월·매월·계섬이 일행은 당대 최고의 인기 그룹이었다고 해도 과언이 아니다. 그들의 공연활동을 보고 남긴 시나 문에 대한 자료를 하나씩 소개해본다. 이세춘과 매월에 대해서는 석북石北 신광수申光洙, 1712~1775의 시가 전한다. 먼저 「가객 이응태李應泰에게 준다」를 보자. 이 시에서는 이세춘이 얼마나 인기 가객인지, 청중의 호응이 어느 정도인지 알 수 있다. 또한 그가 신광수 같은 시인의 시를 얻어서 노랫말로 삼았다는 사실도 알 수 있다.

당세의 노래하는 호걸 이세춘   當世歌豪李世春

십 년 동안 한양 사람 경도시켰지.   十年傾倒漢陽人

청루의 협객 소년 능히 노래 전하고   靑樓俠少能傳唱

백발노인 강호에서 심신이 감동하네.   白首江湖解動神

9월 9일 누른 국화 신륵사에서 보려고   九日黃花看甓寺

외로운 배 옥피리 소리 섬강 나루로 오르는구나.	孤舟玉笛上蟾津
동쪽으로 유람하며 나의 시 넉넉히 얻어가니	東游定得吾詩足
이번에 가면 명성이 장안에 가득하리.	此去聲名又滿秦

다음 역시 석북의 「관서악부關西樂府」라는 연작시 가운데 15번째에 해당하는 시이다. '일반 시조에 장단을 배치한 (⋯) 이세춘'이라는 구절은, 한동안 국문학 연구자들이 시조의 발생과 연관지어 매우 중시했던 부분이므로 이 시는 많이들 들어보았을 것이다.

처음 부르는 노래 대개 태진양귀비를 말하니	初唱聞皆說太眞
지금도 마외역의 티끌을 한하는 듯.	至今如恨馬嵬塵
일반 시조에 장단을 배치한 이는	一般時調排長短
장안에서 온 이세춘이라네.	來自長安李世春

다음 역시 석북이 읊은 「또 앞의 운자를 사용하여 상서尙書댁 가희 매월梅月에게 준다」라는 작품이다. 아마 매화가 필 무렵에 연회를 열었고, 매월이가 그 자리에서 노래를 했던 모양이다.

매화 피고 달 밝아 그 정취 누각 가득한데	梅花明月滿樓中
깊은 밤 맑은 노래 즐거움 무궁하네.	子夜淸歌樂未窮
오늘 이 술잔 앞에 다시 또 한 곡	今日樽前更一曲

해마다 스물네 번 꽃 소식 이른다네.　　　　　　　　年年二十四番風

　또 이옥의 「노래하는 사람 송실솔宋蟋蟀전」이란 글을 보면, 매월이
는 당시에 유명했던 가객 박세첨朴世瞻의 아내로서 북악산 아래 살
고 있었다고 한다. 박세첨이 이세춘 등과 날마다 서평군西平君의 문
하에서 노닐며 송실솔과도 친하게 지냈는데, 서평군이 죽고 나자
매우 쓸쓸해하면서 서평군 같은 예술 애호가가 있던 시절을 그리워
했다고 나온다. 또한 연암 박지원이 쓴 「광문자전」에 거문고의 명수
로 언급된 철돌鐵突이라는 이름이 나오는데, 그 철돌이 바로 김철석
金哲石이다. 그는 김정칠金鼎七의 아들로, 철돌 형제가 다 거문고로 유
명하다고 소개되어 있다.
　추월이에 대한 기록은 채제공의 『번암집』에 실린 시 한 편을 더
찾았을 뿐이다. 제목이 「입추에 명덕산明德山에 들어가 유수오兪秀五 ·
이공회李公會와 함께 두보의 시운을 따서 짓는다」이다.

　기쁜 마음으로 누각에 올라보니　　　　　　　　　　怡悅登樓望

　누각 앞에 연꽃 바람이 이네.　　　　　　　　　　　樓前風動荷

　골짜기 비어 뭇 폭포가 응하고　　　　　　　　　　谷虛羣瀑應

　산은 고요한데 한 줄기 매미 소리 웅장하다.　　　　山靜一蟬多

　앉으나 누우나 노쇠한 나이가 되어　　　　　　　　坐臥衰年適

　광채를 빛내는 두 젊은이와 갔지.　　　　　　　　　光輝二妙過

기생이 가는 데에 악공도 따라간다. 빼어난 여성 예인이 있으면 거기에 빼어난 남성 예인
도 있기 마련이다. 노래 잘하는 추월이 가는 곳에도 최고 예인들이 함께할 때가 많았다. 당
대 최고의 가객과 금객이었던 이세춘과 김철석이 그녀와 함께 어울렸다. 다른 기생 매월과
계섬까지 더하면 영락없는 인기 혼성 그룹이 되는 것이었다.

가을 밤 달빛 아래 배회하며   徘徊秋夜月

한가로운 때에 거문고에 노래가 있었다네.   閒事有琴歌

이 시에는 "그때 추월이라는 가기가 악공들과 함께 이르렀었다"라는 설명이 조그맣게 첨부되어 있다. 이렇게 온갖 자리에 가서 노래만 하면 환영받고 지냈던 추월이도 쓸쓸하게 남겨진 시절이 오긴 했던 모양이다. 홍신유洪愼猷, 1722~?의 「추월가」에는 이런 대목도 있다.

스스로 생각하길 풍류 마당에

백 년 내내 호사하리라 싶더니

세상일 바둑판처럼 뒤집히고

인생이란 물결처럼 흘러가는 법

고대광실 구름 속에 연이었더니

석양빛 긴긴 해에 이울어진 풀이로다.

요사이 사람들 예스런 가락 좋아하질 않고

부르나니 모두 시속의 천박한 소리일레라.

(…)

종자기 죽고 나자

누가 다시 백아를 알아주리요.

이 대목을 보면 추월이도 대중들의 노래 기호가 변하여 은퇴할 시점이 다가왔음을 알 수 있다. 세월 이기는 장사 없다고 했던가. 인기란 무상한 것이고, 그 어떤 업적도 세월의 위력 앞에 삭고 퇴색되지 않는 것은 없다. 그것을 겸허히 인정하고 수용한 다음에 남는 것은 추억이리라. 달콤한 추억, 씁쓸한 추억, 아련한 추억, 생생한 추억……. 그런 갖가지 추억만이 남을 것이다.

추월이 회상한 세 가지 꼴불견

추월이처럼 한 시절 최고의 인기를 누렸더라도 이런 자리 저런 자리 참석하다보면 좋은 기억만 남지는 않는 법, 추월은 여러 공연에 무수히 다녀본 끝에 유쾌하지 못했던 일화 세 가지를 회상했다.

첫번째는 무엇이든지 권세로 어찌 해보려는 사람의 경우다. 추월이는 어느 날엔가 이판서 댁 연회 자리에서 한 번 보았던 어느 대감이 하인을 보내 그들 그룹을 부르기에 갔다고 한다. 그녀가 겨우 들어서자마자, 그 대감은 대뜸 앉으라는 말도 한마디 없이 "노래를 불러라" 하고 시켰다는 것이다. 추월이가 도무지 흥이 나지 않아 마지못해 노래를 불렀더니, 그 대감은 노발대발하면서 모두들 대청 아래로 끌어내리라 하더니 거칠게 꾸짖었다.

"너희들, 전에 이판서 댁 연회에선 노래며 풍악이 시원해서 썩 들을 만하더니 지금은 소리가 낮고 가늘며 느즈러져서 싫어하는 기색이 완연하구나. 흥취라고는 조금도 없다. 내가 음률을 모른다고 하여서 그러는 것이냐?" 하기에 추월이 다시 불러보겠다고 무마하여, 곡조가 잘 맞진 않지만 떠들썩하고 시끄러운 곡으로 잡스럽게 화답했다. 대감은 그제야 대단히 흥겨워서 부채로 책상을 두드리며 "좋다 좋아! 노래란 마땅히 이래야 될 게 아니냐" 하였다. 노래가 멎고 잠깐 숨을 돌릴 때 술상이 나왔는데, 박주에 건포가 전부였으며, 술잔을 놓자마자 돌아가보라고 해서 하직하고 물러났다고 한다. 요즘 식으로 말하면, 음악을 전혀 모르는 사람이 값비싼 오페라 로열석에 앉아서 소프라노 목청이 높이 올라가면 소름이 돋았다가, 나직이 내려가면 졸다가, 나올 때는 고급 승용차 창밖으로 껌이나 담배 꽁초를 버리며 외국 음악인들이 우리나라에 와서는 공연을 성의 없게 한다고 욕하는 경우에 해당하겠다.

두번째는 허세와 오기로 뭉친 사람의 경우다. 어느 날 어떤 양반이 하인을 보내 하도 오라고 성화를 하기에 추월이는 할 수 없이 또 갔다고 한다. 동대문 밖 변두리 단칸방 토방에 마루도 없고, 토방 위에는 겨우 초석 한 닢이 깔려 있을 뿐이었다. 추월이와 일행은 토방 초석에 앉아 줄을 고르고 노래를 불렀다. 주인 양반이란 자는 떨어진 도포에 찌그러진 갓을 쓰고 용모도 볼품없었는데, 조상의 덕으로 낮은 관직을 하고 있는 사람으로 시골 손님 몇과 마주앉아 있었다 한다. 추월이가 노래 몇 곡을 부르자 주인이 손을 휘저으며 "별로 들을 것도 없구나" 하고는 탁주 한 잔씩 돌리더니 가보라고 해서 그냥 돌아왔다는 셈이다. 이 양반도 몰풍류 몰염치하기로는 위의 대감에 못지않다. 오직 양반이라는 신분 하나를 내세워 아무 준비도 없이 남들을 부려먹은 셈이다. 가난하여 장소는 어설프고 대접할 음식마저 없었다면, 겸손하게 음악을 듣는 귀라도 있어야 할 것 아니겠는가. 오기만 남은 자의 자존심. 단 한 푼어치의 예의도 없이 허세와 방자함으로만 이들을 오라 가라 부려먹고는 혹평을 하다니, 추월이의 눈에 얼마나 가소로워 보였을까?

세번째는 누가 유명하다면 무조건 줄을 대고 뒷돈부터 찔러주는 사람의 경우다. 여름날 세검정 연회에서 노래하고 있는데, 구경꾼들이 담처럼 둘러선 중에 초라한 차림의 시골 사람이 추월이를 뚫어져라 보고 있더란다. 추월이도 이상하게 느끼고 있던 차에 그 사람이 손짓해서 부르기에 다가갔더니, "나는 창원의 상납 아전이네. 자네의 향기로운 이름을 익히 듣고 오늘 다행으로 만나보니 명불허전인 줄을 알겠네" 하고는 꽁무니에서 한 꿰미의 돈을 꺼내 주더라는 것이다. 추월이는 "명분 없는 물건을 제가 어찌 받겠습니까? 특별히 주시는 뜻은 감사하오나 받지 않아도 받은 것이나 다름없습니다" 하고는 기어이 거절하고 돌아섰다. 그러고는 입을 가리며 웃었다 한다. 추월이는 이 세 가지 경우가 자기 일평생에 잊지 못할 일이었다고 회상했다.

옛날에도 유명한 기녀들에 관한 온갖 소문은 요즘 연예인들 못지 않게 많았던 모양이다. 사람들이 워낙 그럴듯하게 말을 지어내니, 다산 정약용처럼 지혜롭고 총명했던 학자도 젊은 시절에는 제주 기녀 만덕이 정말 '중동重瞳*'인가 하고 의문을 품은 나머지, 만덕이 불려왔을 때 그 눈을 들여다보았다고 한다. 다산선생 문집에 「중동에 대한 변증」이라는 글이 실려 있다. 그 대목을 읽어본다.

제주 기녀 만덕萬德이 자기의 재산을 희사하여 진휼을 하고 금강산을 구경하겠다고 간청하므로, 역마를 이용하게 하여 불러서 한양으로 오게 하였다. 만덕이 스스로 자기의 눈은 중동重瞳이라고 하자, 공경公卿들이 서로 전하면서 이야깃거리로 삼았다. 그래서 내가 그를 오라고 불러 묻기를 '너의 눈이 중동이라는 것이 사실이냐?' 하니, 그는 '그렇습니다' 하였다. 내가 말하기를 '무릇 궁실과 누대와 초목·인물이 너의 눈에는 하나가 모두 둘로 보이느냐?' 하니, 그는 '그렇지는 않습니다'라고 하였다. 나는 말하기를 '그렇다면 너는 중동이 아니다' 하고, 가까이 가서 그의 눈동자를 보니 눈에 흑백의 정동睛瞳이 보통 사람과 다른 것이 없었다. 그러나 중동이라는 설이 끝내 횡행하고 그치지를 않으니, 사람들이 허탄함을 좋아하여 스스로 어리석게 되는 것이 이와 같다.

민족문화추진회 역

---

* 사물이 둘로 보이는 현상.

자기 자신이 스스로를 잘못 이해하거나 표현하여 만덕이처럼 구설수의 원인을 제공하는 경우도 있지만, 근거 없는 사실을 널리 퍼트려놓고 그 소문의 세력에 의지하여 없는 사실을 진실로 만들어가는 경우도 많은 것이 인기인이다. 사람들은 확인하지도 않고 그냥 소문을 믿어버리고, 그것이 사실인 듯 또 퍼트려서 연예계는 늘 바람 잘 날이 없다. 그래서 연예인에 대한 소문이 떠돌면 저절로 '만덕 중동'이라는 말이 떠올라 빙긋이 웃고 못 들은 듯 지나쳐버리게 된다.

그렇지만 추월이가 회상을 하듯이 톱스타급 연예인들이 자신이 본 권력자나 사회 유명 인사들의 진면목에 대한 이야기, 혹은 깊은 인상을 남긴 청중이나 관객들에 대한 후일담을 기록했으면 하고 바란다. 그런 기록을 남기는 연예인이 있기를 은근히 기대하는 것이다. 추월의 회상은 단순한 수다가 아니라 사회적·예술적 안목이 느껴지게 한다. 추월이는 단순히 노래만 잘하는 기능적 소리꾼으로 유명했거나 여성스런 맵시만으로 살아간 사람이 아니었다. 한 시대의 최고 소리꾼이 만나본 그 시대의 이런저런 인물들에 대한 실제 상황과 결부된 평가는 그 시대를 증거하는 중요한 자료로 남는다. 그런 이유로 누군가 연예인 중에서 스스로 그런 기록을 적고 있기를 기대해본다. 🏵

신묘한 글귀는 비단을 펼쳐놓은 듯

금과 함께 묻힌 계랑, 그리고 복랑

조선조에 유명했던 '계랑'은 여럿이다. 한 사람은 조선 명종 때 부안 기녀 계랑이고, 그 비슷한 시기에 평양에서 활동한 기녀 계랑이 있다. 또 그보다 훨씬 후대에도 계랑이 있었는데, 배와坯窩 김상숙金相肅, 1711~1792의 둘째 아들인 죽하竹下 김치규金稚圭의 소실로서 시를 잘 지었다.

　이런 현상은 요즘도 쉽게 본다. 나이트클럽 광고지를 보면 수많은 웨이터 이름이 조용필로 되어 있지 않은가. 그때의 조용필은 고유명사가 아니라 노래 잘하고 인기 최고인 사람의 대명사로 쓰이는 것처럼, 예기들 또한 역사상 신화적인 역량으로 명성을 떨친 사람이 있으면 두고두고 그 이름을 썼다. 마치 미녀들은 저마다 '양귀비'이거나 저마다 '조비연'인 셈이다. 그리하여 같은 이름을 쓰는 기녀들이 많지만, 대부분의 기록에서 부안 계랑인지, 평양 계랑인지, 후대의 계랑인지 구분할 수 있다. 기록한 문맥 어디선가 조금씩 힌트가 있기 마련이므로. 시 제목에서 이미 평양 기녀인지 부안 기녀인지 밝혀놓고 있기도 하다. 김치규의 소실이었던 계랑은 양가녀良家女(평민의 딸)로서 시를 잘했으므로, 성해응이 계랑의 시축에「장난스레 계랑의 시축 뒤에 쓴다」라는 글을 써주기도 했고, 계랑이 죽자 그의 무덤에「계랑광지桂娘壙誌」를 쓰기도 했으며, 당시의 문사들의 시회에서 그녀에게 시를 지어준 것도 간간이 남아 있다.

문집과 묘가 보전된 희귀한 케이스

우리가 여기서 관심을 갖는 계랑은 명종 때의 부안 기녀 계랑이다. 그의 본래 이름은 이향금李香今, 1573~1610이며, 자는 천향天香, 호는 매창梅窓, 혹은 계랑桂娘·癸娘, 혹은 계생이라고 한다. 아전 이탕종李湯從의 딸이라고 전하는데, 그런 그녀가 어쩌다 기녀가 되었는지는 모르겠지만 아마 부모를 일찍 여의고 고아가 되어 의탁할 곳이 없어 관기가 되었을 법하다. 계섬이나 만덕이가 본래 아전의 딸이었지만 그런 연유로 기녀가 되었던 것처럼 말이다.

  사람의 복은 살아 있을 때의 복과 죽고 난 다음의 복이 다르다고 한다. 그렇게 생각해보면 계랑은 사후의 복이 참 많다. 기녀로서는 드물게 자신의 문집도 전하고 그 묘 또한 잘 보존되어 전하기 때문이다. 역사적으로 문집이 전해지는 것은 웬만한 양반 사대부들에게조차 결코 쉬운 일이 아니었다. 혹 자신의 글을 잘 정리해두었다 하더라도 후손들의 총명함과 뜻, 그리고 제자들의 의지가 다 합해져야 가능할까 말까 한 어려운 일이기 때문이다. 계랑은 심지어 양반 문사도 아니면서 이렇게 시집이 전해지니 얼마나 복이 많은가.

  그녀의 시집『매창집』이 1668년 개암사에서 간행되어 시 58수가 전해지기에, 이미 오래전부터 국문학 연구자들이 그녀의 삶과 시세계를 연구하여 학계에 보고했고, 번역 출간물이 나오기도 했다. 그녀의 묘는 전북 부안군 부안읍 서외리에 있는데, 전북기념물 제65호로 지정되어 있다. 매창이 죽은 뒤 45년 만인 1655년에 나무꾼과 농사꾼 같은 보통 사람들이 그 묘에 돌비석을 세웠고, 시간이 지나면서 비석의 글이 이지러지고 못 쓰게 되자, 1917년에 부안 시인들의 모임인 '부풍시사扶風詩社'에서 '명원이매창지묘名援李梅窓之墓'라 새겨진 비석을 다시 세웠다고 한다. 그 비석에는 비록 생몰년도가 잘못 새겨져 있기는 하지만, 어쨌든 매창은 사후의 복이 참 크고 많은 사람 아닌가. 그뿐인가? 부안에는 매창공원이 있고, 그녀의 시비 詩碑가 있고, 그녀가 앉아 거문고를 타곤 했다는 바위 '금대琴臺'가 있으며, 매창을 기념한 백일장도 열린다고 한다. 우리나라 기녀 가운데 이런 복을 누리는 사람이 누가 있을까?

세상에는 혁혁한 공을 이루고도 주변의 질투와 시기심으로 비명횡사한 사람이 많은데, 한 사람의 기녀로 살다가 죽은 다음에 이토록 기림을 받고 사랑받는 것을 '복'이 아니면 무슨 말로 설명할 수 있을까? 살아서 많이 울었을 그녀가 죽은 다음에라도 복을 누리니 정말 다행이라는 생각이 든다. 그러고 보면 부안 사람들은 그 옛날부터 지금까지 계랑에게 참으로 따뜻한 마음을 베풀었다. 괜히 그랬을 리는 없고 뭔가 매력적으로 마음을 끄는 요소가 있어 그랬을 터인데, 그것이 과연 무엇일까?

계랑을 사랑한 자, 계랑을 읊은 시

한시·시조·가무·현금玄琴에 이르기까지 두루 능했던 그녀는 젊은 시절에 부안에 놀러온 유희경劉希慶, 1545~1636을 만나 사랑에 빠졌다. 유희경은 천얼賤孼 출신의 한미한 사람이었지만 한시를 잘하여 이름을 떨쳤고, 상례喪禮에 특히 밝았으므로 국상이나 사대부가의 상喪을 집례하는 것으로 유명했던 인물이다. 그가 주도한 침류대枕流臺 시회는 백대붕白大鵬·박계강朴繼姜·정치鄭致·최기남崔奇男 등

중인 신분의 쟁쟁한 시인들이 참여하였으며, 사대부들도 시로써 그와 교유하곤 했다.

유희경의 『촌은집』을 보면, 그 역시 계랑을 어찌나 사랑하였는지 그녀에게 준 여러 편의 시가 모두 애틋한 그리움을 담고 있다. 특히 「계랑에게」는 요즘 연애시와 전혀 다를 바 없다. 연인의 미간이 찌푸려지는 것을 마음 아파하며 기쁘게 달래주고픈 마음을 읊고 있다.

나에게 신선의 약이 있다면 　　　　　　　　　我有一仙藥

옥 같은 뺨의 찡그림 낫게 할 텐데. 　　　　　能醫玉頰嚬

비단주머니에 깊이 감추었다가 　　　　　　　深藏錦囊裏

정을 둔 그녀에게 주고 싶구나. 　　　　　　　欲與有情人

이렇게 사랑하는 그녀와 멀리 떨어져 지내자니 얼마나 그리웠을까. 「계랑을 그리워하며」라는 시에서는 "계랑의 집은 낭주(부안)에 있고, 나의 집은 한양에 있다네. 서로 그리면서 만나지 못하니 오동잎새 비 내릴 때 애끓는 마음"이라고 읊기도 했다. 오동잎에 비 내릴 때란, 임에 대한 그리움이 사무치는 때를 뜻한다. 당나라 때 시인 백거이白居易가 「장한가長恨歌」에서 '봄바람에 복사꽃 오얏꽃 피는 밤'과 '가을비 오동잎에 떨어지는 때'를 당 현종이 양귀비를 못 견디게 그리워하는 시점으로 설정한 이후, 님이 사무치게 그리운 쓸쓸한 때로 이미지가 굳어지다시피 한 표현이다. 계랑 역시 유희경과 헤어져 있으면서 그 유명한 시조 "이화우梨花雨 흩날릴 제 울며 잡고 이별한 님, 추풍낙엽에 저도 날 생각는가. 천 리에 외로운 꿈만 오락가락하노매"를 읊었다고 『가곡원류』에 전한다. 매창의 시 가운데 어떤 것은 마치 유희경과 이별하였을 때 쓴 것 같이 느껴지는데, 한 수 읽어본다.

말 못 하는 가운데 그리운 마음　　　　　　　　　相思都在不言裏

하룻밤 심회에 귀밑머리 반은 희었네요.　　　　一夜心懷鬢半絲

저의 그리운 고통 알고 싶으시면　　　　　　　欲知是妾相思苦

금가락지 둘레가 닳은 것을 보세요.　　　　　須試金環減舊圍

아무에게도 말할 수 없는 임에 대한 그리움으로 침묵 속에 여위어가는 것을 상사병이라 이른다. 그렇게 바짝바짝 입술이 마르게 그리워하느라 귀밑머리가 희어지고, 금가락지 둘레는 닳았다고 했으니 절절한 사랑의 시이다. 이런 시를 받고 마음이 울컥, 감정이 격동하지 않는 사람이 있을까? 금가락지 둘레가 왜 닳느냐고? 임이 주고 간 반지라서 만지작거리고 쓰다듬어서 닳았을 수도 있고, 단념했다가 말았다가 하느라고 금가락지를 꼈다가 벗어뒀다가 해서 닳았을 수도 있지 않을까? 그리운 마음을 침묵으로 삼키느라 여위어가는 것은 이만저만 지독한 상사병 증세가 아니다.

그런데 계랑을 좋아한 사람들은 참 많았다. 어찌 유희경만이 계랑을 좋아했을까. 『성수시화惺叟詩話』에는 이런 기록이 보인다.

"부안의 창기 계생桂生은 시에 솜씨가 있고 노래와 거문고에도 뛰어났다. 어떤 태수가 그녀와 가깝게 지냈다. 나중에 태수가 떠난 뒤에 읍인들이 그를 사모하여 비를 세웠는데 계생이 달밤에 그 비석 위에서 거문고를 타고 하소연하며 길게 노래했다. 이원형李元亨이라는 자가 지나다가 이를 보고 시를 짓기를

한 곡조 거문고 곡 자고새 원망하듯	一曲瑤琴怨鷓鴣
거친 비석 말이 없고 달만 외로이 둥그렇네.	荒碑無語月輪孤
현산峴山의 그날 정남석征南石에도	峴山當日征南石
눈물을 떨어뜨린 가인이 있었던가	亦有佳人墮淚無

라 하니, 당시 사람들이 이를 절창이라 했다. 이원형은 우리 집에 드나드는 관객館客이었다. 어릴 적부터 나와 이여인李汝仁과 함께 지냈던 까닭에 시를 할 줄 알았다. 다른 작품도 좋은 것이 있으며, 석주石洲 권필權韠이 그를 좋아하고 칭찬했다."

민족문화추진회 역

임기를 마치고 떠난 태수의 덕을 기려 계랑이 달밤에 거문고 타

고 노래했던 모양이다. 그 모습을 중국 진晉나라 양호羊祜의 고사에 빗대어 읊은 것을 보면 말이다. 진나라 양호가 형양荊襄 지역의 도독 都督으로 있을 때 인심을 크게 얻었는데, 그가 죽은 뒤에 군민들이 현산峴山에 비를 세우고 그것을 바라볼 적마다 눈물을 흘렸으므로 두예杜預가 타루비墮淚碑라고 이름 붙였다는 고사가 전한다. 이원형 은 정작 양호에게도 그를 그리워하여 눈물을 떨어뜨린 가인은 없었 을 것이라 하여, 계랑이 울며 그리워해주는 부안의 전임 태수를 더 부럽게 생각한 듯하다. 이 시는 깊은 여운을 남긴다. 누군가 부러워 하는 마음 이면에 계랑을 좋아하는 마음이 비치니 말이다. 미처 다 말하지 못한 마음을 여운으로 남기는 것, 그것이 시적 표현의 한 경 지에 속한다면, 이 시는 매우 멋진 작품 아닌가.

한백겸의 동생인 한준겸韓浚謙, 1557~1627이라는 이도 1602년에 전 라감사가 되어 부임했는데, 그때 계랑에게 준 시가 『유천유고柳川遺 稿』에 실려 있다. 제목이 「노래 기녀 계생에게 준다」인데, 그 곁에 작은 글씨로 "계생은 부안의 창녀인데 시로써 능히 세상에 명성이 있다"라는 설명을 써두었다. 읊은 내용은 아래와 같다.

변산의 맑은 기운 호걸을 품었고　　　　　　　　邊山淑氣孕人豪

규수는 천 년 전 설도가 있네.　　　　　　　　　閨秀千年有薛濤

새 노래 글 읽는 소리 맑은 밤 이어지는데　　　聽書新詞淸夜永

복사꽃 가지 위에 둥그런 달이 높이 떴구나.　　桃花枝上月輪高

지방의 기생들은 숱하게 가고 오는 지방관과 아쉬운 이별을 많이 했을
것이다. 다시는 보지 못할 임을 보내기 위해 이렇게 말 위에 올라타고
배웅했을 것이다. 타지로 부임하는 행렬의 끝이 언덕 너머로 사라질 때
까지 말없이 있다가 눈물을 왈칵 쏟으면서 연모의 시를 읊기도 했던 것
이다. 만남과 이별이 잦아 익숙하기도 하련만 특히나 애잔한 마음이 오
래오래 남아 사무치는 사람도 있다.

여기서 아마 호걸이란 자신이 부임한 것을 의미하고, 규수는 설도처럼 시를 잘 짓는 계랑을 가리키는 듯하다. 봄밤에 함께 기분 좋게 달을 감상하며 시 짓는 분위기가 그려지는 작품이다. 그 외에 무수히 많은 사람들이 계랑을 좋아했을 것이다. 여기서는 그녀의 삶을 잘 보여주는 일화 두 개를 소개하고 싶다. 이수광李睟光, 1563~1628의『지봉유설芝峯類說』에는 계랑이 평일에 거문고와 시를 좋아하였으므로 죽은 때에 거문고를 부장품으로 묻어주었다는 이야기와 함께 이런 일화가 전한다.

일찍이 어떤 나그네가 계랑에게 시를 보내 유혹해보려고 하니, 계랑이 이렇게 차운하는 바람에 그 사람이 서운한 마음으로 떠나갔다는 것이다.

평생 동가식서가숙 배우지 않았고	平生不學食東家
매화 창문에 달그림자 비낌을 사랑할 뿐.	只愛梅窓月影斜
시인이 그윽하고 한가한 뜻 미처 알지 못한 채	詞人未識幽閑意
지나는 구름을 가리키며 잘못 이를 때가 많지요.	指點行雲枉自多

지나는 구름이란 '운우지정雲雨之情' 고사를 남긴 무산선녀와 관계된 말이다. 계랑 자신은 고요히 한가롭게 살아갈 뿐, 무산선녀와 같은 정열적인 사랑을 나눌 만한 여인이 아님을 넌지시 일러주었다고 할까. 절조 있고 개결한 성품의 소유자임을 알 수 있는 일화이기

도 하지만, 한편으로는 애정의 본질을 꿰뚫고 있음을 드러내기도 한다.

세상에 좋은 것이라 하여 다 자신이 가지려고 들면, 세상에 좋은 사람이 많은 경우는 어찌될까? 남자나 여자나 좋다고 다 차지하려 들면 피차간에 여창女娼이요, 남창男娼이 될 뿐이지 않겠는가? 삶의 재미는 욕망에서 나오겠지만, 사람됨의 품위는 욕망을 절제하는 데서 나오는 것은 아닐지…… 적절한 거리를 유지하면서 담담히 절제하는 것, 바로 그 지점에서 인간에 대한 신뢰가 싹트고 존경이 생기기 시작하니 말이다. 욕망의 절제 없이 인간의 존엄성은 지켜질 수가 없고, 욕심의 절제 없이는 믿음을 심지 못한다. 그것은 타인을 향해서가 아니라 자의식에부터 영향을 끼친다. 계랑이 한갓 정감과 정욕에 흔들리며 사는 천한 기녀였을 뿐이라면 어찌 이런 시를 읊을 수 있었겠는가? 그녀가 당세의 시인 묵객뿐만 아니라 후세인의 사랑을 듬뿍 받은 이유를 얼핏 알게 될 듯도 하지 않은가?

허균과 계랑의 맑은 관계

허균 역시 계랑을 무척 좋아했다. 허균은 1608년, 그러니까 그의 나이 40세에 공주목사에서 파직되자 가족들을 데리고 부안에 내려가 있었다. 그때에 계랑을 알게 되었고, 그녀를 두고 이원형이 지은 시를 『성수시화』에 써넣고 그랬던 듯하다. 그다음 해인 기유년, 즉 1609년에 허균이 한양으로 올라와서 다시 벼슬을 하게 되었는데, 그해 1월에 계랑에게 이런 편지를 썼다.

"아가씨는 보름날 저녁에 비파를 타며 산자고山鷓鴣를 읊었다는데, 왜 한가하고 은밀한 곳에서 하지 않고, 바로 윤비尹碑 앞에서 하여 남의 허물 잡는 사람에게 들키고, 거사비去思碑를 시로 더럽히게 하였는가. 그것은 아가씨의 잘못인데, 비방이 내게로 돌아오니 억울하오. 요즘은 참선參禪은 하는가? 그리운 정이 간절하구려."

민족문화추진회 역

편지의 행간에서 계랑과 이원형, 그리고 허균의 허물없는 장난기가 느껴진다. 전해들은 소식으로 놀리며 조금은 짓궂게 안부를 묻는 어조가 무척 정답게 들려온다. 하지만 허균과 계랑도 적절한 거리를 둔 시적인 맑은 사귐을 가졌다. 계랑이 죽자 허균은 "신묘한 글귀는 비단을 펼쳐놓은 듯, 청아한 노래는 지나는 구름 멈추었었지. 복숭아를 딴 죄로 세상에 귀양 왔다가, 선약을 훔치러 인간 세상 떠나갔네. 부용 휘장에 등불은 꺼졌지만, 비취색 치마 향내는 남아 있네. 명년에 복사꽃 피어날 제, 설도薛濤의 무덤을 어느 누가 찾을는지?"라고 시를 읊었다. 추억과 아쉬움, 그리고 계랑이 없는 세상의 허전함과 그 무덤가 쓸쓸한 풍경을 참으로 잘 어울리게 읊어서 슬픔이 행간에 고인 만시輓詩라는 생각이 든다.

허균은 이 외에도 율시 한 수를 더 읊어 계랑의 죽음을 슬퍼하며 이런 설명을 덧붙이기도 했다.

"계생은 부안 기생인데, 시에 능하고 글도 이해하며 또 노래와 거문고도 잘했다. 그러나 천성이 고고하고 개결하여 음탕한 것을 좋아하지 않았다. 나는 그 재주를 사랑하여 교분이 막역하였으며 비록 담소하고 가까이 지냈지만, 어지러운 지경에는 미치지 않았기 때문에 오래가도 변하지 않았다. 지금 그 죽음을 듣고 한 차례 눈물을 뿌리고서 율시 2수를 지어 슬퍼한다."

서로 교분이 막역했는데도 어지러운 지경에 미치지 않았다는 한마디가 역시 앞의 일화와 같은 맥락으로 통한다.

우리는 흔히 기녀와 절조, 혹은 성품이 개결하다는 말을 연결 지으면 피식 웃곤 한다. 순진한 나머지 낭만성을 벗어나지 못했다고 생각하기 쉽고, 그런 순진성은 현실 앞에서 비극적으로 파괴되기 쉽다는 생각을 하는 탓이다. 하지만 그런 선입견이야말로 인간을 얼마나 피상적으로 이해하게 만드는가 생각해봐야 할 것이다. 인간은 정말 복잡한 존재다. 한 사람이 구만 층의 겹겹한 다층성을 지니고 있고, 천 가지의 얼굴을 하고 살며 다면적 다양성을 지니고 있다. 그런 이유로 직업은 성직자이면서 실상은 포주에 가깝고, 직업은 학자이면서 사실은 장사꾼에 가깝고, 평범한 주부이지만 그의 마인드는 남편에게조차 사소한 이해타산을 벗어나지 못하는 술집 여자 같은 면이 드러나기도 하는 것이다. 그의 본성과 현실 역할이 맞지 않는 경우다. 그런가 하면 그 반대도 많다. 역할은 천하고 궂지만 인격은 어느 성현 못지않게 닦인 경우를 볼 수 있다. 오늘날과 같이 직업 선택의 자유가 있고, 자유연애에 거리낌이 없는 세상에서도 그렇게 자기 본성과 역할이 어긋난 채 살아가는 무수한 사람이 있다.

그러나 현실이 있는데, 성품이 개결하다고 하여 어찌 늘 자신을 존중하는 사람만 만날 수 있을까? 아무리 계랑이라 해도 엄연히 신분은 관청에 예속된 기녀이니 말이다. 계랑에게는 그렇게 정다운 면모를 보였던 허균도 다른 기녀들에게는 엄혹한 질책을 할 때가 있었다. 『성소부부고』 「조관기행漕官紀行」의 1601년 7월 17일자 기록을 보면 이런 내용이 있다.

7월 17일(병오) 홍주洪州에 이르러 관아 동쪽에 있는 방[東廂]에서 잠깐 쉬는데 벌목관伐木官 박경현朴景賢 형이 아헌衙軒에 와서 아전을 보내어 어느 방에 묵을 것인지를 물었다. 나는 그가 동상에 들어오려는 것을 알고는 따지지 않고 지름길로 바로 아헌에 이르니 박경현과 목사 우공 복룡禹公伏龍이 벌써 연회를 시작하고 소리하는 기녀들이 앞에 가득하였다. 나는 취중에 '목사는 내 형님과 같으시니 아헌에서 며칠 머물렀으면 하는데 이곳으로 옮겨와도 되겠습니까?' 하고 청하니, 목사가 쾌

관청에 예속되어 있어도, 늘 똑같은 옷을 입고 춤을 추고 노래를 불러도 이들에게는 저마다의 삶의 결이 새겨져 있을 것이다. 누구는 악기를 잘 다루고, 또 누구는 노래를 잘하고, 또 누구는 춤을 잘 추었을 것이다. 키도 생김새도 목소리도 저마다 다른 사람이었다. 그러나 천한 신분으로 묶여 있는 신세는 모두 다 어찌하지 못했다.

히 승락하였다. 저녁에 박경현은 동쪽 방으로 옮겨갔다. 밤에 박의 방에 들어가야 할 기녀가 내가 있는 곳으로 잘못 들어왔으므로 쫓아 보내고 수기首妓에게 곤장 수십 대를 때렸다.

민족문화추진회 역

조세를 거두어서 운송하는 것을 감독고자 허균이 조운관의 직책을 띠고 지방으로 갔을 때의 기록이다. 저녁에 기녀들이 수청을 들어야 하는 방에 잘못 들어왔다는 이유 하나로 행수 기생에게 곤장 수십 대를 때렸다는 것인데, 그게 현실이다. 허균이 계랑에게 친절하고 다른 기녀에게 엄격했듯이, 다른 누군가는 다른 기녀에게 친절하고 계랑에게 모질게 굴었을 수도 있다. 또한 계랑이 아무리 싫어해도 강제로 수청을 들게 한 이도 있었을 것이다.

복랑은 계랑의 딸?

계랑에게 복랑이라는 딸이 있었는데 유씨가 아니라 성이 김씨인 것을 보면, 계랑도 유희경만을 사랑하고 살지는 못했던 것 같다. 기녀는 천민이라서 성씨를 붙이지 않는다. 그럴 경우 상하 간에 역할이 불편해지기 때문이다. 반면 어떤 경우는 성씨가 있는데, 이는 어떻게 가능했을까? 기녀였다가 남의 집 소실로 들어가 딸을 낳은 경우에는 부친의 성씨를 따르니 있을 수 있는 일이다.

18세기의 실학자 황윤석의 『이재난고』 1774년 7월 17일 일기는 복아에 대해 이렇게 기록했다.

복아는 본래 서울 사람으로 김우태金宇泰의 손녀이다. 장령 이운해李運海가 일찍이 그 고을의 사또가 되었을 때 그에게 글자를 읽고 글 짓는 것을 가르쳤다. 그것으로 인하여 총애를 받았는데, 중간에 남씨南氏 및 이득일李得一에게 시집갔다. 근래에 들으니 떠돌다 고향으로 돌아왔다고 한다. 어떤 사람은 그녀의 어미는 옛날 이름난 기생 계랑으로, 그 곁자손이라고도 한다. 계랑은 시를 잘 짓기로 이름을 떨쳤으며 『매창집梅囱集』이 있다. 복아 또한 이와 같으니 진실로 하나의 특이한 일이다.

그리고 나서 "어제 오정언吳正言이 부안의 복아福娥가 지은 짤막한 시를 외워주었다"면서 시 몇 편을 소개했다. 그런데 만약 복아가 계랑과 관련이 있다면 손녀 정도가 되어야 나이가 맞을 것이므로 정말로 딸일지는 미심쩍다. 계랑이 활동한 때가 17세기 초반인데, 딸이 18세기 후반에 어떻게 활동할 수 있을까? 아무튼 복아의 시 가운데 한 수를 읊어본다.

봄바람 부질없이 불어오지만   春風空蕩漾

밝은 달 이미 지고 있어요.	明月已黃昏
당신이 안 오실 줄 아는데도	亦知君不來
사립문 닫으려니 안타까웠지요.	猶自惜掩門

시가 참으로 곱고 애틋하다. 이런 시를 주고받으며 마음이 설레지 않는 사람이 있을까? 이덕무는 시비평집 『청비록淸脾錄』에 "부안 고을 기녀 복랑이 승지 이모李某에게 준 시"가 완연한 봄 정경을 그려낸다며 한 수 뽑아 실었다.

나직이 양류지사楊柳枝詞 부르노라니	楊柳枝詞唱得低
이별 나온 정자에 꾀꼬리 울고 비오네.	離亭新雨早鶯啼
강가 갈대 짤막짤막 궁궁이 파란데	洲蘆短短江蘺綠
님 돌아올 땐 말발굽 묻히리라.	之子歸時沒馬蹄

이별시가 이렇게 밝고 환한 정경으로 그려지고, 앞날에 다시 만날 것을 희망차게 전망하는 점은 매우 특이하다. 그런 점에서 이 시는 황진이의 시처럼 잘 지어진 작품이라 여겨진다. 복랑이 이런 정도로 멋지게 읊으니 18세기에 이름을 날린 시인들이 복랑을 두고 시를 읊을밖에……. 차좌일車佐一, 1753~1809의 『사명자시집四名子詩集』에는 「복랑福娘」이라는 제목의 시가 있다. "붉은 연지 기다릴 것 없으니, 꽃다운 모습 저절로 그러하다네. 인간 세상에 있는 모습 아니

니, 응당 그림 속에 전해지리라"라고 읊은 내용을 보면 아마 복랑 또한 상당한 미모였던 듯싶다.

앞서 황윤석의 일기 외에 문집인 『이재유고』에는 「장난스럽게 복아에게 준다」라는 절구시 3수가 있다. 여기에 "낭주浪州의 복아가 어려서 악원樂院에 적을 두고 예속되었다. 나이 열세 살에 서사書史와 서책에 통하고, 능히 시를 지었으며, 또 글씨를 쓸 줄 안다. 내가 시험해보니 과연 그러하여 장난스럽게 절구시 3편을 준다"라는 설명을 붙여두기도 했다. 낭주라는 것은 부안의 옛 이름이다. 절구시 3수 가운데 두번째 수를 본다.

계랑의 무덤 위 풀이 어지러운데   桂娘墳上草迷離

이제 보니 우담화 한 떨기가 기이하네.   今見曇花一朵奇

적막한 서쪽 정자 강과 달을 읊은 시구   寂寞西亭江月句

장차 한갓되이 요지에 전파되리라.   向來徒爾播瑤池

계랑의 무덤에 풀이 우거진 모습은 그가 죽은 지 꽤 오래되었음을 말하고, 그 무덤 위에 3천 년 만에 한 번씩 핀다는 천화天花인 우담화가 피었다는 것으로써 복랑의 존재를 표현했다. 또한 고요한 정자에서 읊은 시구는 그 복랑을 따라 서왕모가 벌이는 선녀들의 잔치 자리인 요지연에 퍼져나갈 것이라고 유쾌하게 격려하는 비유를 썼다. 짧은 시인데도 압축된 의미와 비유가 묘하다.

계랑과 복랑의 춤과 노래, 그리고 거문고 연주는 그들의 시적 명성이 워낙 대단하다보니 다소 가리어진 느낌이 있다. 그러나 계랑이 죽은 다음에 남들이 알아서 거문고를 함께 무덤에 묻어주었을 때는, 그 솜씨가 또 오죽했을까! ✿

홀로 춤추는 거울 속 난새

「사미인곡」 잘하는 추향이

강가에서 누가 사미인곡 부르는가.	江頭誰唱美人詞
외로운 배에 달이 지고 있는 때에	正是孤舟月落時
슬피 그대를 그리는, 무한한 마음	惆悵戀君無限意
세상에 오직 저 여인은 알겠지.	世間惟有女娘知

동악東岳 이안눌李安訥, 1571~1637이 송강 정철鄭澈, 1536~1593의 사미인
곡思美人曲을 부르는 것을 듣고 지은 시로, 제목은 「용산의 달밤에 가
희歌姬가 고 인성군 정상공의 사미인곡을 부르는 것을 듣고 대략 구
두로 읊어 아우 조지세趙持世(조위한)에게 보인다」이다. 여기서 사미인

곡을 부른 가희가 바로 추향秋香이다. 조위한趙緯韓, 1567~1649 역시 추향이가 용산 부근에서 부르는 사미인곡을 듣고「용호 배 안에서 추향이 사미인곡 부르는 것을 듣고 느낌이 있어서」라는 시를 남겼다.

한 곡조 미인곡 부르는   一曲美人辭

외로운 배에 분단장한 여인.   孤舟紅粉兒

울림은 물결 따라 함께 오열하는 듯   響隨潮共咽

노랫소리 밤과 함께 천천히 흐르네.   聲與夜將遲

슬퍼하고 원망하며 강산과 함께 늙어가지만   哀怨江山老

진실한 마음은 해와 달이 알리라.   夷情日月知

누가 능히 악보에 엮어   誰能編樂譜

국풍시에 이어지게 할까.   欲繼國風詩

송강의 별곡류, 17세기 최고의 인기를 누리다

송강 정철이 한글로 지은 시조와 가사는 그의 사후에 대단한 인기를 누렸었다. 이수광의『지봉유설』「가사歌詞」조에 "정철의「관동별곡」「사미인곡」「속사미인곡」「장진주사將進酒詞」가 세상에 성행하고 있다"는 언급이 있고, 허균의『성수시화』에도 "정송강은 우리말 노래를 잘 지었으니, 「사미인곡」 및 권주사勸酒辭는 모두 그 곡조가 맑고 씩씩하여 들을 만하다. 비록 다른 의견을 지닌 자들은 이를 배척하여 음사陰邪하다고는 하지만, 문채와 풍류는 또한 가리고 덮을 수 없는 것이다'라고 평가하며, 송강의 노래를 아끼는 사람들이 계속 있어왔다고 했다. 송강은 강원감사로 있을 때 「훈민곡訓民曲」을 지어 백성으로 하여금 부르도록 했는데, 이는 18세기에 와서도 '미풍양속을 권장하는 건전가요'처럼 정책적으로 장려되기도 했다.

그의 여러 가사 가운데서도 특히 「사미인곡」과 「관동별곡」은 손꼽히는 애창곡으로 유행했다. 「사미인곡」에서 여인이 임을 그리는 그 애틋한 노랫말은 직설적으로 임을 그리워하는 마음으로 받아들이든, 은유적으로 임금님을 그리워하는 충신의 마음으로 받아들이든 간에, 그 적실한 표현이 심금을 울렸음은 분명하다. 또 「관동별곡」은 신선처럼 노니는 활달하고 호기로운 발상이 장부의 마음을 툭 트이게 하여, 사찰의 승려 가운데도 애창하는 사람이 있었을 정도였다. 백곡柏谷 김득신金得臣, 1604~1684은 「관동별곡서關東別曲序」에서 이 노래의 매력을 회상했다.

우리 집 여종 가운데 능히 관동별곡을 잘 부르는 아이가 있어 내가 어릴 때에 매양 그것을 들었으나 기이한 줄 알지 못하였다. 상투를 묶을 즈음에 그것을 들으니 조금 기이하게 여겨졌다. 정축년(1637) 병란 이후에 나그네가 되어 관동의 실직悉直(삼척)에서 노닐었는데, 어린 기녀

중 능히 관동별곡을 잘 부르는 이가 있어 항상 죽루竹樓에 불러서 듣곤 하였다. 맑은 흥이 파도와 같을 뿐 아니라 생각 자체가 호호탕탕하여 참으로 기이한 곡이었다. 지난번에 서호西湖(서강)의 지장찰地藏刹에서 글을 읽으며 수삼 개월을 보냈는데 나그네의 회포가 매우 즐겁지 못한 까닭에 위로하여 씻어내고 싶어서 스님을 불러 노래 부르기를 청했다. 어떤 스님이 응하기를 '내가 관동별곡을 부를 줄 압니다' 하더니 힘찬 소리로 부르는데, 들으니 마치 구름 높이 날아오르는 기운이 있어 회포가 평정되었다. 그후에 서원현西原縣(청주)을 여러 번 지나다니다가, 노래하는 기녀를 만나면 관동별곡을 부르라고 청하여 들었지만, 대개 그 소리가 섬세하고 고와서 실직 기녀의 맞수가 될 만하지는 않았다.

동자 시절에는 「관동별곡」의 매력을 깊이 알지 못하다가 차츰 나이가 들면서 그 매력에 마음이 기울고, 병란을 겪고 나그네로 떠돌며 마음이 울적할 때에는 완전히 이 노래의 호탕함에 경도되어 우울함을 치료하는 정도가 되었다는 얘기가 매우 흥미롭다. 노래 한 곡을 좋아하게 되는 데도 인생의 단계랄까 성숙의 단계가 있다는 것이다. 「관동별곡」을 사찰의 승려까지도 시원하게 불러줄 수 있었다니, 얼마나 애창되었는지도 알 듯하다.

이선李選, 1631~1692이란 이도 「송강가사후발松江歌辭後跋」이라는 글을 남기면서 "관동별곡 · 사미인곡 · 속미인곡 3편은 송강 상국 문청공文淸公 정철이 지은 것이다. 공의 시는 시어가 청신경발淸新警拔

하여 본래 인구에 회자되었는데, 가곡歌曲은 더욱 절묘하다. 예나 지금이나 매양 들어보매 그 목청을 끌며 높이 읊조릴 때면 성운聲韻은 청초淸楚하고 의미는 초홀超忽하여, 깨닫지 못하는 사이에 표표히 허공을 의지하여 바람을 타고 가는 듯하다. 그 애군우국愛君憂國의 마음에 이르면 또한 글귀 표면에 애연히 서려 있어, 사람으로 하여금 슬픔을 느끼고 탄식을 일으키게 하는 데 이른다"라고 소감을 피력했다. 시적인 의미에 가곡으로 불릴 때의 발성으로부터 나오는 청초함이 어우러져 슬픔과 탄식을 자아낸다고 한 것이다. 이런저런 기록을 참조해볼 때, 17세기 전후 최대의 인기곡이라고 하면 대체로 송강이 지은 별곡 종류가 상위권에 손꼽힐 듯하다. 애청·애창 순위에서 모두 그럴 것이다.

「사미인곡」을 잘 부른 기녀 추향

17세기 초에 추향이가 특별히 잘 불렀던 곡도 「사미인곡」이다. 추향이는 원래 전라도 장성長城 고을의 기녀였지만 이미 미모로 이름을 얻은 데다 금을 타고 노래를 잘하여 더욱 유명해졌고, 서울에까지 알려져 명성을 얻게 되었다. 그녀가 피난길에 올랐다가 양자발梁子發(양형우)과 길에서 만나 인연을 맺었다고 하는데, 아마 피난길이라는 것이 임진왜란 발발 이후 왜구를 피해 떠난 길인 것 같다. 양형우梁亨遇, 1574~1623는 양경우의 동생이다. 양경우梁慶遇, 1568~?가 1618년에 장성현감으로 재직했고, 양형우가 1617년에 별시문과에 급제하여 성균관 전적을 지냈음을 감안하면 전후 무렵이 아닐까 추측된다. 양형우는 1618년, 광해군 10년에 인목대비 유폐를 반대하는 상소를 올렸다가 함경도 회령에서 6년간 귀양살이를 했고, 1623년에 다시 조정의 부름을 받았다. 하지만 그해에 양형우는 세상을 떠나고 말았다. 그후 양경우가 1626년 다시 한양에서 벼슬길에 올랐으니 아마도 그 무렵에 재회한 사람은 동생이 아니라 형이었던 듯하다. 그런데 그들이 한양에서 재회했을 때에는 추향이 이미 국색으로 이름을 날리고 있었으며, 왕자의 총애를 입고 있어 양경우는 감히 그 문을 엿보지 못했다. 중세 신분사회의 질서는 엄연한 것이었기 때문이다. 그런 이유로 양경우는 추향이를 멀리할 수밖에 없었는데, 그의 벗들이 그 형편을 알고 시를 지어 조금 장난스럽게 놀리면서도 한편으로는 매우 안타깝게 여기고 위로해주었다.

어느 날 조위한은 양경우가 장난스레 추향의 집 벽 위에 써둔 율시에 꿈속의 신녀라는 구절이 있는 것을 보고, 그 시를 차운하여 다음과 같이 시를 짓고, 아울러 동악 이안눌과 명고鳴皐 임전任鋽, 1560~1611에게 화운하도록 했다. 조위한의 시는 이렇다.

풍진 세상 남쪽 땅의 옛 맹세 차갑게 식고   風塵南國舊盟寒

나그네 서강에 정박함에 검은 눈썹 노쇠해졌네.　　　　旅泊西江翠黛殘

거문고로 낙매곡 타고 또 그치매　　　　琴上落梅彈更罷

베갯머리 비 내리고 꿈이 처음 무르익었지.　　　　枕邊行雨夢初闌

후산縱山에서 이 밤 왕자진王子晉을 만나더라도　　　　涉山此夜迎王子

바다 구비 세 번의 봄, 백란伯鸞을 원망했으리.　　　　海曲三春怨伯鸞

오직 상자 속의 신녀神女 구절만　　　　唯有篋中神女句

남 몰래 눈물지며 등불에 비춰보네.　　　　避人和淚就燈看

　　먼지바람 이는 이 험한 세상을 살아가느라 옛날에 했던 맹세는 차갑게 식었고, 이제 서울 서강에서 다시 만나니 그간에 많이 늙었구나. 거문고로 낙매곡을 타고 또 그치고 하던 그때에 정분도 깊이 무르익었었지. 신선이 되어 후산으로 갔다는 주周나라 평왕平王의 태자 왕자진을 만나더라도, 한漢나라 장제章帝 때에 바다 구비에 은둔하여 지내던 백란*이 어진 아내 맹광孟光과 평생을 함께한 것을 생각하며 그렇지 못한 자신의 처지를 원망했겠지. 오직 상자 속에서 무산선녀를 그리워하듯이 추향을 그리워한 양경우의 시를 꺼내 보며 남몰래 눈물지며 님을 그리워하리라는 추측을 해본다는 내용이다. 시의 행간에서 추향을 단념한 친구를 위로하는 마음이 전해오는 듯도 하다.

---

* 양홍梁鴻의 자.

차천로車天輅, 1556 ~ 1615의 「금낭琴娘 추향에게 줌」이라는 시에서도 그런 느낌이 스며 나온다.

열두 봉우리 무산은 꿈속에 차가운데	十二巫山夢裏寒
반쪽 창가에 등잔 하나 가물거리네.	半窓明滅一燈殘
손수 옛 곡조 연주하며 금루가 부르지만	手調舊曲歌金縷
미간엔 봄날의 애수 서려 옥난간에 기대 있네.	眉蹙春愁倚玉闌
한 쌍으로 나는 비녀 위의 제비 부러우니	蕣羨雙飛釵上鷰
다시 홀로 춤추는 거울 속 난새 가엾구나.	更憐孤舞鏡中鸞
고운 여인 둑길 아래 남은 자취 찾으니	嬴脂坡下尋遺迹
나막신 굽 이끼 흔적 차마 보지 못하겠네.	翻齒儂痕不忍看

'홀로 춤추는 거울 속 난새' 라는 표현은 진짜 자기 짝을 얻지 못하고 외로이 지내는 처지에 빗대어 쓰는 말이다. 옛날에 계빈국왕罽賓國王이 기르던 난새 한 마리가 있었는데, 3년 동안을 울지 않다가 어느 날 우연히 거울 속에 비친 자기 모습을 보고서는 자신의 짝인 줄 알고 그리워하여 슬피 울다가 죽었다는 고사에서 온 말이다. 추향에 대해 난새 운운하는 표현은 계곡谿谷 장유張維, 1587~1638가 추향에게 준 시 「시권 첫머리의 운에 차하여 오산鰲山 금기 추향에게 준다」에도 나온다.

단아한 듯 보이는 춤이지만, 그녀의 눈은 어쩌면 눈물을 안으로 삼키고 있을지 모른다. 그녀가 노래를 부른다면, 그것은 허공에 의지해 바람을 타고 날아가 듣는 이로 하여금 탄식을 일으키게 할 것이다. 양경우에 대한 추향의 사랑은 쓸쓸했을 것이 분명하다. 하지만 어긋난 인연을 탓하지 않고 추억으로 그립게 간직했으니, 누구도 그 사랑을 탓하진 못할 것이다.

깊은 가을바람 이슬 오경 차가운 밤	九秋風露五更寒
단장한 계향의 그윽한 분내음 아직 남아 있구나.	紅桂幽芳尙未殘
잠깐 술을 대하고서 보조개 짓더니	乍對靑樽開寶靨
구슬 같은 눈물 거두고 오사란지烏絲闌紙 펴는구나.	幾收珠淚展烏闌
깊은 정회, 매양 금琴의 봉현鳳絃에 의탁하고	深情每託琴中鳳
선궁에는 누가 올라 안개 속의 난새와 어울릴까	仙侶誰乘霧裡鸞
떠돌다가 우연히 분포에서 만남을 이루었거늘	流落偶成湓浦會
백발의 사마, 취하여 서로 보네	白頭司馬醉相看

이 시에 사용된 고사도 묘하다. '분포湓浦'라는 말은 당唐나라 시인 백거이白居易의 '비파행琵琶行' 서문에서 따왔다. "구강군九江郡 사마司馬로 좌천되어 내려간 이듬해 가을에, 분포 어구에서 손님을 전송하였는데, 그때 배 안에서 한밤중에 비파 뜯는 소리가 들렸다"라는 구절에 등장한다. 결국 누군가가 좌천되어 떠도는 중에 만남이 이루어졌고, 늙어서 다시 만난 상황을 빗댄 것이다. 이 상황이 과연 양경우와 추향인지, 아니면 계곡 자신과 추향이인지는 알 수 없다. 그러나 주변의 다른 시를 보건대 양경우의 상황을 알고 빗대어 쓴 시 같다.

그 외에도 이름난 문사들이 추향이의 시첩에 시를 많이 써주었다. 백주白洲 이명한李明漢, 1595~1645은 「추향의 시첩에 쓴다」와 「장성 기녀 추향의 시첩에 쓴다」라는 시를 주었고, 설봉雪峯 강백년姜栢年,

1603~1681도 「단오일에 노래 기녀 추향에게 준다」라는 시를 읊으며 그녀에게 주었다.

난류의 원인은 기녀에게 있지 않다

관기로 살다보면 뜻하지 않게 난류이나 패륜에 연루되는 경우도 있다. 신분사회에서 천민인 종의 신분으로 윗사람들의 부름에 생각 없이 복종하다보면 감당하기 힘들게 난처한 일이 생기지 않겠는가. 남녀관계가 문란했던 일이 인간 역사에서 한두 건이 아닌데 뭐가 문제냐 할 수도 있지만, 결국 본능을 따라 산다는 것은 인간의 기본적인 존엄성과 신뢰감을 파괴하기 때문에 스스로가 자기 의식을 가누기 힘들게 된다. 내면의 자의식이 그렇게 파괴될 때라면 사회적인 생명은 더욱 유지되기 힘들다. 그러고도 사회적인 생명이 유지된다면 그야말로 '엽기적'이 아닐까.

조선조 세조 임금 때에 가무로 이름이 높았던 기녀 네 사람이 있었다. 바로 옥부향玉膚香 · 자동선紫洞仙 · 양대陽臺 · 초요갱楚腰輕인데, 그들 가운데 옥부향과 초요갱에게 그런 난류이 일어났다. 『조선왕조실록』 세조 9년 1463년 윤 7월 4일조 기사를 보면, 임금이 육전청 잔치에서 종친과 재상에게 기생을 멀리하라고 특별히 당부한다.

천한 신분이지만 기생들은 사대부와 한자리에서 어울릴 수 있었다. 그
러나 기생을 대하는 일부 사대부들의 태도는 매우 이중적이었다. 자신
의 욕망을 채우기 위해 늘 부르고 찾아가면서도 정작 그네들 머릿속의
기생들은 사람으로 분류되지 않았다. 사진 속 기녀들은 또 얼마나 많은
남성들에게 상처를 받았을까? 많지 않은 기녀들의 사진 기록을 볼 때마
다 애처로운 마음이 드는 것은 이 때문이다.

옥부향은 일찍이 효령대군孝寧大君 이보李補와 사통하였는데, 뒤에 익현군翼峴君 이관李璭과 사통하였다. 초요갱은 어려서 평원대군平原大君 이임李琳의 사랑을 받다가 평원대군이 죽자 화의군和義君 이영李瓔과 사통하였는데, 임금이 이영을 폄출貶黜하고 초요갱도 쫓아냈다가 얼마 아니 되어 초요갱이 재예才藝가 있다고 하여서 악적樂籍에 다시 소속시키니, 계양군桂陽君 이증李璔과 또 사통하였다. 임금이 이 사실을 알고 비밀히 이증에게 묻기를 "바깥소문에 네가 초요갱과 사통한다고 하는데 정말 그러한가? 어찌 다른 기생이 없어서 감히 서로 간음하는가?" 하니, 이증이 울부짖으면서 머리를 조아리고 하늘을 가리켜 맹세하며, 그것이 무고임을 변명하였으나 이증은 이날도 초요갱의 집에서 묵었다. 뒤에 판사判事 변대해邊大海가 몰래 초요갱의 집에 묵었다가 이증의 종에게 매를 맞아서 이 때문에 죽었다. 임금이 매양 종친宗親과 재추宰樞에게 기생을 멀리하고 가까이하지 말도록 경계하면서 말하기를 "이 무리는 사람의 유類가 아니다" 라고 하였다.

그리고 잔치할 때를 당하면 반드시 기생의 무리로 하여금 분粉을 사용하여 그 얼굴을 두껍게 바르게 하니, 그 모양이 마치 가면을 쓴 것과 같았는데, 이들을 천시하고 혐오하였기 때문이었다.

『국역 조선왕조실록』

이런 경우는 신분이 높은 사람들의 윤리의식이 문제이지만, 그들은 필요에 따라 약자들에게 언제나 허물을 뒤집어씌운다. 강자는 여간해서는 스스로를 반성하는 인간이 되기 힘들다. 세력이 있기 때문에 방해를 받거나 문제의 상황에 부딪히는 일이 적고, 설령 문제가 생겨도 웬만한 것은 힘이나 세력으로 해결되기 때문에 자발적으로 인격적·인간적인 반성을 하기 어렵다. 그런데 이 기록에서 눈길을 끄는 것이 한 가지 있다. "이 무리는 사람의 유가 아니다"라면서 멀리하라고 해놓고도 실제로 꾸짖기는 왕족들 탓으로 돌렸다는 점이다. 또한 기녀들은 처벌하지 않고, 왕실에서 연회가 있을 때는 번번이 그들을 불러들였다.

그다음 해인 세조 10년 1464년 5월 25일 기사를 보면 종친이 태평관太平館에 중국 사신을 맞이했는데, 잔치 자리에서 명나라 사신 장성張珹이 통사通事 장유성張有誠에게, "장녕張寧이 나에게 이르기를 '조선에 명기 자동선紫洞仙이란 자가 있다는데, 누구인가?'라고 물어보는 장면이 있고, 그 질문에 통사는 "기생이 연회날 번갈아서 오기 때문에 오지 않았습니다"라고 답한다. 장녕이라는 사람은 일전에 조선에 다녀갔던 명나라 사신이다. 요즘 식으로 말하면 외교관끼리 어느 나라에 갔더니, 아무개 연예인이 공연을 하던데 대단하더라 하는 식으로 입소문을 퍼트린 셈이다. 그런 이유로 그랬는지, 아무튼 이 기녀들은 풍기문란 문제로 직접 처벌을 받진 않았다. 세조 12년 1466년 9월 11일 형조에 "여기女妓 초요갱·양대·자동선·옥부향 등에게 천민의 신분을 면하게 하라"는 전교를 내렸는데, 이런 점은 매우 깊은 인상을 남긴다. 난륜의 원인에 대한 시비

판단을 분명히 가려서, 천민 기녀들에게 죄를 묻지 않은 점은 그 의미를 되짚어보게 한다.

동악 이안눌은 추향과 관련하여 「허낭중許郞中의 시에 차운하여 추향에게 주며, 여러 공이 함께 읊기를 청한다. 추향의 자는 계영桂英인데, 장성의 이름난 미인이다」라는 제목에 4수의 연작시로 화답했다. 양경우 역시 「추향의 시첩 가운데 소옹素翁 조위한의 시에 차운함」이란 제목으로 이렇게 화답했다.

아름다운 모습이 예전만 못하다고 말하지 말게.	盛色休言減昔年
검게 쪽진 머리 단장한 모습 예전 그대로라네.	翠鬘粧樣故依然
선녀 본시 평생의 꿈이었고	神娥自是平生夢
아름다운 여인, 원래 전생의 선녀였다네.	嬴女元爲宿世仙
꽃다운 소식 청조가 가져올까 헤아려보며	芳信擬憑靑鳥使
원수인 듯, 부부 인연 끊어지지 않았지.	冤家未斷赤繩緣
깊은 규방 한밤중 거문고 연주 멈출 때	深閨子夜停琴坐
미인의 눈물 떨어져 한 줄 현에 울리리라.	玉筋零時響一絃

양경우의 연연한 마음은 옛날 그대로 한결같았던 것일까? 양경우에게 보냈을 법도 한 추향이의 시는 한 편도 전하지 않으니 그다음을 전혀 알 수 없다. 인연이 한번 어긋나면, 그 어긋남 자체를 깔끔하게 매듭짓는 일도 지혜인 법이다. 이들이 계속하여 지분지분한

만남이나 밀회를 갖지 않고 추억으로 그립게 간직했으니, 후세에 두고두고 이야기되는 인연이 된 것 아닐까.

유일하게 전하는 추향의 시 한 편

이덕무가 『청비록』에서 '시기詩妓'라는 조항을 쓰면서 추향이라는 기생도 시를 잘하였다고 기록했고, 이규경 또한 창기로서 시에 능하다는 것은 대단히 뛰어난 일이기 때문에 대략 언급한다며 추향이의 이름을 언급하였다. 그런데도 그녀의 시가 전하는 것은 없다. 오직 한시 한 수가 있을 뿐인데, 홍만종洪萬宗, 1643~1725의 『소화시평小華詩評』에 「창암정蒼岩亭」이라는 제목으로 남아 있다. 지은이가 추향이로 되어 있으니, 시대를 견주어볼 때 우리가 관심을 두는 추향이의 시인 것 같다.

맑은 강어귀로 노 저어 가니   移棹淸江口

잠자던 해오라기 날갯짓 사람을 놀라게 하네.   驚人宿鷺鷁

산 붉어 가을은 자취 완연하건만   山紅秋有跡

모래 희어 달빛은 흔적이 없네.   沙白月無痕

추향이가 읊은 이 창암정이 공주에 있는 것인지, 파주 반구정과 마주보는 곳에 있었다는 창암정인지는 확실치 않다. 미루어 짐작건대 파주 부근이 아닐까 싶다. 서울에서 활동하는 기녀가 가기에 가까운 거리이고, 파주는 중국 사행길 가는 길목이라서 기녀들이 종종 연회를 하러 따라갈 수도 있는 곳이니, 한양에서 활동했던 추월이도 갔을 법하다. 하지만 이건 어디까지나 추측일 뿐이다.

양파陽坡 정태화鄭太和가 인조 12년(1634)에 중국으로 사행을 다녀온 기록인 『서행기西行記』 5월 20일자에 추향이에게 준 시가 있다. 평양에 머물며 백상루에서 연회를 하고, 「금아琴娥 추향이 서울에서 예전에 놀던 일을 얘기하기에 취하여 써서 준다」라며 남긴 것이다.

이별을 한한 지 지금 3년	別恨今三載
또 한바탕 기뻐하며 노니네.	歡遊又一場
만약 예전의 만남 없었더라면	若無逢舊識
어찌 타향에서 위로를 얻으랴?	那得慰他鄉
오두막에서 솔바람 소리 듣고	小屋聞松韻
긴 길 위에서 달빛 완상했었지.	長街翫月光
아름다운 여인이 스스로 기억해내어	佳人自輦記
여전히 이조낭관이라 부르네.	猶喚吏曹郎

이 시에는 "솔바람 소리를 듣고 달빛을 완상한 것이 모두 옛날에

놀았던 일이다"라는 설명이 조그만 글씨로 첨부되어 있다. 사행길의 중요한 연회에는 기녀들이 옮겨가서 가무 공연을 하는 것이 주된 일이었다.

가련은 추향의 후손일까

서파西坡 오도일吳道一, 1645~1703의 기록에도 추향이 등장한다. 오도일은 1702년(숙종 28) 여름, 민언량閔彥良의 옥사에 연루되어 장성에 유배되었는데, 그때에 지은 시들을 「오산록鰲山錄」이라 따로 제목을 붙여 모아두었다. 장성은 오산이라고도 불렸으니, 둘은 같은 곳이다. 그 기록 가운데 추향에 대한 시가 있다. 제목이 아주 긴데, 시와 함께 싣는다.

「장성 기녀 추향은 시에 능하고 금을 타며 노래도 잘하여, 명성이 기적에서 으뜸이다. 계곡 장태학사가 먼저 시를 지어 주었으므로 이후에 진신학사로서 문사를 잘한다고 이름 있는 자들이 차례로 이어 화운하여 드디어 권축을 이루었으므로 추향의 이름이 국중에 퍼져나갔다. 추향은 지금 죽었고, 그의 후손인 추성개秋聲介도 이미 늙었으나 금琴을 잡고 한번 타면 아직도 산들산들하다는 명성이 있었다. 추성개의 후손으로 가련可憐이라고 이름한 자도 자색이 있고 또한 금을 잘 연주하였다. 내가 여러 번 이 읍에 와서 기적 중에 그를 물어보아 추향의 후손임을 알게 되었다. 그리하여 2수의 절구시를 읊었다. 그 할미와 손녀가 천고의 풍류화본風流話本을 삼을 만하다 하겠다」

전생에 본시 옥경玉京의 선녀였으니	前身自是玉京僊
이 노래, 상계上界에서 전해온 것이지요.	此曲應從上界傳
노쇠한 손끝 심히 거칠고 추한데다	老大指尖麤醜甚
세상에 듣는 이 없으니 누가 어여삐 여길까요.	世人無耳有誰憐

볼에는 홍조 띠어 취기 어린 선녀요	暈頰紅潮卽醉僊
곱디고운 자태는 집안에서 물려받았네.	嬋姸艶態自家傳
거문고 한 곡조 강남곡을 연주하매	瑤琴一奏江南曲
열 손가락 가느다란 파 대궁 같아 더욱 어여쁘구나.	十指纖蔥更可憐

이 기록을 보면 18세기에 함흥에서 어사 박문수朴文秀, 1691~1756가 묘비를 세워주었다는 그 가련이가, 추향이의 후손이라는 그 가련인지 의문이 생긴다. 박문수가 함경감사를 지낸 때가 1739년 무렵이므로 그 시기에 가련이의 무덤에 비를 세워준 것으로 추정하면, 18세기 전기에 주로 활동한 '가련'이가 추향이의 후손 가련이와 나이

가 맞다. 즉 같은 시대에 활동했으니 동일 인물일 가능성이 높다. 어떻게 함흥까지 옮겨갔는가에 대해서 의문을 가질 수도 있지만, 기녀들은 그들을 돌봐주고 데리고 다니는 벼슬아치나 왕족들에 의해 그렇게 옮겨가기도 했으니, 그럴 수도 있지 않았을까.

정말 18세기의 그 함흥 기녀 가련이가 춘향이의 후손이라면 참으로 흥미롭다. 예기의 활동이 여러 대를 걸쳐 누적된 다음에야 결국 모든 방면에 두루 탁월한 가련이가 등장한 것이니 말이다. 또한 함흥 기녀 가련이는 일찍부터 자기에게 알맞은 짝을 구하려고 스스로 기준을 세워서 배필감을 물색하고 있었지 않았는가. 그런 지혜도 하루아침에 생겨난 것은 아니라는 생각이 든다. ✿

꾀꼬리, 향란의 새 곡조 질투하네

평안도 명창, 「관서별곡」 잘 부르는 향란이

향란이는 17세기 초에 평양 교방에서 활동했던 가기歌妓이다. 그에 대한 인적 사항은 전해지는 것이 없지만, 한시 몇 수에 그의 활동 모습이 그려져 있고, 허균의 산문과 왕조실록에 그 이름이 언급되어 있다. 그것을 연도순으로 맞춰보아 그녀 삶의 자취 한 조각을 구성해볼 수 있는 것이 전부다. 향란이에 대한 기록으로 가장 빠른 것은 1601년 무렵이다. 월사月沙 이정구李廷龜, 1564~1635가 선조 34년(1601) 12월에 의주義州에서 접반사로서 세 달간 중국 사신을 기다리던 무렵, 그리고 그 이듬해 3월 평양 영위사迎慰使를 지내던 무렵에 쓴 시가 그것이다. 1601년에 성천부사를 지낸 허잠許潛과 만나 시를 지은 기록이 나오는 것으로 보아 이를 알 수 있다. 월사는 그 무렵의 시를 모아 『동사록東槎錄』이라고 따로 제목을 붙였는데, 그 시들 가운데 향란을 읊은 것이 있다. 「평양 기녀 향란·몽운·향진이 청화관으로 와서 인사하였는데, 방 밖의 세 켤레 신을 모두 도둑놈이 훔쳐가버렸으므로 즉석에서 시를 지어 주며 장난거리를 삼는다」라는 제목이다.

구름 같은 자취로 올 때 절로 연꽃 피는 듯	由來雲步自生蓮
비단 버선, 비단 자리 밟는 것 어울리누나.	羅襪還宜踏綺筵
봄빛 아낄 줄 모르고 신 훔쳐가버렸지만	不惜春光偸轉去
구슬 신 임자 만나려는 빈객 삼천이라네.	願逢珠履客三千

청화관淸華館은 대동관 남쪽에 있던 객관으로 월사가 숙소로 사용했던 모양인데, 그곳에 인사를 하러 온 기녀들이 신발을 도둑맞는 일이 일어났다. 그것을 위로해주느라 월사는, 봄빛 같은 청춘을 아껴줄 줄 모르고 신발을 훔쳐가버린 사람들이 있지만, 구슬 신 임자를 만나려는 귀한 빈객이 삼천 명이나 기다리고 있다고 기녀를 추켜세우고 있다.

허균의 형 허봉이 돌봐주던 기녀

이후 향란에 대한 기록은 1606년으로 넘어간다. 허균의 「병오기행丙午紀行」 1월 28일자에 보인다. 허균은 그해 정월 초 6일에 의흥위 대호군義興衛大護軍 직을 제수받아 관서지역으로 가면서 일행보다 조금 먼저 평양에 도착했다. 서윤庶尹 박엽朴燁이 구름무늬로 장식한 선방仙舫(놀잇배)에 춤추는 기녀들을 싣고 잔치를 베풀었는데 얼마나 성대하였던지, "내가 관서 지방을 아홉 번이나 왕래하였으나 이번 잔치가 가장 성대하였다. 기생 향란香蘭은 내 형님께서 돌봐주던 자이다. 노래 잘하고 우스갯소리를 잘하므로 백가관서곡白家關西曲을 부르게 했다. 방백 박자룡朴子龍이 중화에서 돌아와 함께 배 타고 놀았다. 성 위에 횃불을 밝혀놓으니 여장女墻(성가퀴)이 대낮같이 밝았다"라고 기록하였다. '향란은 내 형님이 돌봐' 주었다고 한 말이 주목된다. 허균의 두 형님 가운데 아마도 둘째형 허봉許篈을 가리킨 말이 아닐까 싶다. 사행을 다녀온다든가 벼슬에 있었던 경력이 관서지역과 인연이 있어야 하니 말이다. 그런데 위의 기록을 보면 1606년에는 이미 허균의 형님과 향란의 인연은 끝이 났고, 향란은 자신의 직분대로 가무에 충실했던 것 같다.

역시 1606년의 기록으로 향란의 활동상이 하나 더 그려진 시가 전한다. 어우於于 유몽인柳夢寅이 요동도사 연위사遼東都司 延慰使가 되어 의주에 가서 명나라 사신 주지번朱之蕃을 대접하였을 때의 것이다. 그때 읊은 시들을 『서빈록西儐錄』이라는 제목으로 묶어두었는데, 그 안에 평양의 명창 향란이와 뱃놀이 하던 순간을 담은 것이 있다. 제목은 「대동강에서 배를 타고 가기 향란에게 준다」이다.

고맙구나, 서경西京 제일의 미인이여	多謝西京第一娥
누선을 서로 보내 능라도에 이르렀지.	樓船相送到綾羅
희미한 고운 잎새, 이내 낀 성첩 장식하고	依微嫩綠粧烟堞
난리 겪고 남은 꽃잎, 돌 웅덩이 수놓았네.	歷亂殘紅繡石窠
박주薄酒에 어찌 찬연한 미소 아끼려는가	薄酒何慳粲一笑
높은 구름, 천이랑 푸른 물결에 머물고자 하네.	高雲欲逗碧千波
백 병의 술, 노 저어 노는 일 다른 해에 있을지	百壺蕩槳他年事
나의 새 시로 바꾸어 즉석에서 노래 부르네.	翻我新詩席上歌

새로 지은 한시를 즉석에서 곡조에 얹어 노랫말을 바꿔 부르는 식으로 부르는 광경인데, 미모의 향란이가 뱃놀이에서 노래로 흥을 돋우고 있는 분위기가 잘 그려져 있다. 이렇게 평양에서 이름을 날리며 활동하던 향란이는 한양 궁궐로 뽑혀 올라간다.

기록을 보면 평양 대동강에서 벌어지던 고관들의 뱃놀이는 매우 화려했던 것 같다. 누각을 올리고 구름무늬로 배를 장식했다고 하니 말이다. 여러 명의 기녀와 악공까지 승선하는 배의 크기도 상당했을 것이다. 물 위에 둥둥 떠다니는 느낌이 마치 구름 위에서 노니는 신선들의 놀음 같았을 것이다. 그런 곳에서 서경 제일의 미인이 부르는 노래까지 들었으니 어찌 주옥같은 시가 나오지 않을 수 있었을까.

기녀와 양반사회의 풍속

『조선왕조실록』 광해군 9년(1617) 9월 8일조 기사에 "이번에 종묘에 고하는 대례에 교방가요와 정재가 있어야 하겠기에, 평안도 기생 중에서 가사歌詞를 잘하는 향란香蘭과 문향文香 등을 각기 소속되어 있는 관청으로부터 올려보낼 것을 이문移文하였습니다"라는 예조의 보고가 있다. 그런데 향란이는 문제가 없었지만 함께 올라온 문향은 마침 서울에 와 있다가 전前 전랑 허함許涵의 집에 숨어버렸기에, 예조에서는 허함의 죄를 다스릴 것을 청하여 윤허를 받아냈다. 사관은 이때의 일에 대하여 마치 예조에서 임금의 비위를 맞추어 신하가 정을 둔 기녀를 상납받으라고 부추기며 아부한 내용으로 서술했다. 다음은 사관의 논평이다.

두 기녀는 다 관서 지방의 명창이었다. 왕이 성기聲伎를 좋아하여 보고 싶어하므로 예조가 뜻을 받들어 아부하느라 이렇게 아뢴 것이다. 이때에 교방에는 여악女樂이 극성이었고 이를 경례 가요慶禮歌謠라고 말하였다. 이들이 서울에 모여들자 왕은 이름 있고 예쁜 여자만을 뽑아 대궐로 불러들여 온종일 가무를 즐기고 여러 날 밤을 내보내지 않자, 폐인嬖人(총애받는 내시)들은 제각기 예쁜 기생을 데려다가 노래와 춤을 가르쳐서 궁중에서 베푸는 연회에 이바지하게 하였다. 사대부 집의 여종들도 연줄을 따라 시연侍宴에 출입하였고, 진출을 꾀하는 사람도 모두 여종을 바치는 것으로 발판을 삼았다. 노직盧稷의 노비가 일찍이 대궐에 들어가 연회에서 모셨는데, 왕이 이르기를 "너의 주인 장준완蔣俊琬을 지금 첨사僉使에 제수하였으니 행하로 적당할 것이다" 하였다. 여러 창기들도 다투어 은전을 빌려 관직을 팔기를 내폐內嬖(총애받는 나인)나 친속들과 차이가 없게 하였으므로, 뇌물을 바치는 길이 더욱 많아지게 되었다.

『국역 조선왕조실록』

　무능하고 부패한 권력의 첫 징후가 '미인계'가 통하는 것이라고 한다면, 말기적 징후는 '백성의 생명을 우습게 아는 것'이라 할 수 있다. 그것이 무능과 부패의 징후가 되는 이유는 두 가지 모두 본능적 욕망의 극한치이기 때문이다. 즉 이성적 절제의 흔적이란 결코 찾아볼 수 없다. 그런데 왕위에 오른 지 9년 만에 임금과 조정의 기풍에 대해 사관의 평가가 이러함을 어떻게 이해해야 좋을까? 오늘날 광해군의 업적과 과실은 양면적으로 평가되고 있고, 붕당의 소용돌이 속에서 희생된 측면이 있다고는 하지만, 임금으로서 스스로 도덕성을 저버림으로써 권위를 실추시킨 일은 그 자신이 불러들인 재앙임에 틀림없다. 인류 역사를 보면, 인간적으로 존경을 받지 못하면서 오직 직급이나 지위에 의한 권한과 권력만으로 남을 다스릴 수 있었던 시간은 길지 않았으니 말이다.

이런 경우와는 달리, 장지연의 『일사유사』나 윤선거尹宣擧, 1610~1669의 『노서일기魯西日記』에는 동주 성제원成悌元, 1506~1559과 기녀 춘절春節의 일화가 전하는데, 아주 맑은 풍류가 감도는 선비들의 얘기도 전한다. 향란이와 비슷한 시기에 활동했던 청주의 기녀 춘절은 얼굴도 아름다운 데다 노래와 춤도 잘하여 재주와 용모가 아울러 뛰어났다고 한다. 그때 동주 성제원이 명산을 두루 다니다가 청주에 이르자, 청주목사가 춘절에게 성제원의 여행길에 따라나서게 했는데 이렇게 주의를 주었다고 한다. "동주공은 당대의 문장 호걸이다. 성품이 얽매이길 싫어하는 데다 돈과 여색을 가까이하지 않으니, 이번 길에 네가 만약 잠자리를 모실 수 있다면 내가 네게 많은 상을 주겠다"라고. 장난기가 서린 좀 짓궂은 명을 듣고, 춘절이 드디어 여행길에 따라나서서 동주 성제원을 모시고 몇 달을 다녔다. 그러는 동안 동주는 산수가 맑고 뛰어난 곳을 만나면 즐거워하며 술을 마시고, 종이를 펼쳐 시를 짓고 경치를 그림으로 그리고 하여 춘절에게 주어 가지고 다니게 했다 한다.

달이 밝고 바람 맑은 밤이면 춘절에게 노래를 부르게 하고, 그에 맞추어 화답하고 잘 때는 곁에 두어 사랑이 지극했지만 끝내 몸을 범하지는 않았다는 것이다. 그것이 무어 그리 대단한 일이랴 하며 가볍게 여길 수도 있지만, 각자 자기 마음의 깨끗함을 유지한 결과라면 대단한 일이 아닐까. 산을 나서는 날이 되자 성제원은 춘절에게 "내가 너의 몸을 범하지는 않았지만, 남들은 반드시 네가 내게 몸을 바쳤다고 말하면서 다시는 너를 돌아보지 않을 것이다. 너의 생계를 도와줄 거라고는 다만 이 그림 폭밖엔 없구나" 하였다. 왜란 후 경자년, 즉 1600년에 감찰사 성아무개가 청주목사와 술자리에서 옛이야기를 하는데, 옆 사람이 그 기생이 아직도 살아 있다고 말하기에 목사가 불렀더니 나이 이미 팔십여 세였다는 것이다. 감찰이 바로 동주공 형의 손자임을 듣고는 그녀는 자신도 모르게 눈물을 흘리면서 "오늘 동주의 손자를 볼 줄 몰랐다" 하며, 스스로 말하기를 "비록 당시에 관계는 없었으나 어찌 차마 그 은혜를 저버릴 수 있겠습니까" 하였다. 동주공을 뵌 이후로 그녀는 종신토록 절개를 지키고 시화폭을 첩으로 만들어 이 고을을 지나는 이름난 이에게 보이면 값을 후히 주지 않는 이가 없어 이로써 생활을 하였더니, 난리 중에 그 화첩을 잃었다고 했다고 전한다.

사랑에, 어떤 사랑은 옳고 어떤 사랑은 그르다고 할 수 있을까? 그 자체로 그냥 사랑일 뿐이리라. 하지만 불행한 사랑과 행복한 사랑, 스스로가 자랑으로 여길 수 있는 사랑과 스스로가 용납하지 못하는 사랑이 있긴 할 터이다. 그것은 아마 자발성과 강제성의 문제, 힘의 역학의 문제에서 비롯되는 것이 아닐까 싶다. 조선조에는 기녀라는 천민 신분과 역할 자체가 애정의 강제성을 전제로 하고 있는 제도였기 때문에, 항상 기녀와 관련해서 잡음과 도덕적 갈등이 따를 때가 많았다. 택당澤堂 이식李植은 '창기娼妓'를 주제로 대책문의 문제를 다음과 같이 출제한 바도 있다.

관기는 관청의 재물이었기에 사적으로 거느릴 수 없었지만, 일부 양반들은 법을 어겨가면서까지 여러 명의 기녀를 집 안에 들이기도 했다. 도덕을 매우 중시하던 조선사회에도 재물과 권세만 믿고 행사한 자들이 많았던 것이다. 그런데, 관기가 사랑 때문에 관청의 통제를 벗어나 어느 권세가에 숨어 지내는 위법 행위는 무어라고 해야 할까?

"묻노라. 창기娼妓는 바르지 못한 여색女色이라고 해야 할 것이다. 그럼에도 불구하고 옛날 호걸스럽고 기개 있는 인사들이 간혹 거기에 깊이 빠지게 된 것은 어찌 된 일이라 하겠는가? 정鄭나라와 위衛나라의 시詩를 부자夫子가 산삭刪削하지 않았는데, 고당高唐과 낙신洛神을 주자朱子는 취하지 않았다. 성현의 견해가 이처럼 같지 않은 것은 어떻게 설명해야 하겠는가? (…) 한쪽에서는 긍정적으로 평가하고 한쪽에서는 부정적으로 비평하는 등 그 평론에 차이가 나는 것은 무엇 때문이라고 하겠는가? 우리나라는 고려시대부터 여악을 설치하였고, 위에 선발해 올리는 규정도 만들어두고 있었다. 그런가 하면 내전에서 풍정豊呈 대궐 잔치의 한 가지를 베풀 때나 변방의 군진軍鎭에서 성악을 울릴 때에도 모두 창기를 이용하였고, 심지어는 중서中書에도 대기臺妓가 있고 열읍列邑에도 침기枕妓가 있기까지 하였다. 그리하여 선배 명신名臣들도 이를 예사롭게 여기면서 문자로 과장까지 한 결과, 이러한 일이 계속 전해 내려오며 속습에 폐단을 끼쳐온 것이 오래되었다. 이제 교화를 다시 일으키고 더러운 풍조를 씻어 없애려면 어떤 방법을 취해야 하겠는가?"

선비들이 이 문제에 어떻게 답했을지, 그 모범 답안들을 찾아 읽어보고 싶을 만큼 흥미롭다. 과연 '호탕한 풍류'라는 쪽과 '비도덕적 행위'라는 뚜렷한 관점의 차이에 대해 어느 쪽으로 시선이 집중되었는지, 각각의 답변에 대한 근거는 무엇이었는지 궁금하다.

우리나라 기녀의 신분과 제도에 대해서는 명확히 알려져 있는 바가 없다. 그렇기에 허함의 집에 숨어서 대궐의 정재 연습에 참여하지 않은 문향이의 경우도 어떤 연유로 그런 것이 가능한지, 어떤 근거로 처벌받는지가 분명치 않다. 이능화의 『조선해어화사』를 보면 지방 기녀는 기생어미, 즉 행수 기생이 돌보고, 한양의 기녀는 기생아비, 즉 기부妓夫가 있어서 돌보는데, 기부는 대전별감大殿別監이 가장 많았다고 한다. 기부와 기녀는 궁정 노비관계에 있기 때문에 주로 그렇게 된다는 것이다. 그리하여 어떤 사람이 기녀를 첩으로 들이고자 하면 기부에게 돈을 주고 그 몸값을 사야 하니 그동안 먹여살린 비용을 지불하는 것이다. 우리나라 풍속에 기녀들을 통솔하고 길러내는 기부를 모갑某甲이라고 불렀다는 말도 전한다. 그다음은 정원사령政院使令과 금부나장禁府羅將에게 창부娼夫가 될 수 있도록 허락하는데, 기妓와 창娼은 구별이 있어서 기녀는 매음을 하지 않고, 창녀는 매음을 하는 경우를 의미했다고 한다. 그런데 이 제도가 정확히 언제부터 이렇게 시행된 것인지 알 수 없다. 내용으로 봐서는 18세기 후반이나 19세기 초인 듯한데, 17세기 초에는 과연 어떠했기에 문향이 전랑 허함의 집에 숨어서 지낼 수 있었는지 모르겠다.

허함은 대전별감에게 돈을 지불하지 않고 그냥 자기 집에 문향을 숨겨두어, 그 때문에 법을 저촉한 것일까? 원래 관기는 관청의 재물로 등록되어 사사롭게 빼낼 수 없는 것이 큰 원칙인데, 그렇다면 기부의 존재는 또 뭐란 말인가? 하층민에 대한 기록을 확인한다는 것은 정말 어려운 문제다.

백가관서곡을 잘 부른 명창

아무튼 향란이는 대궐의 이러한 풍기 속에서 잘 빠져나와 다시 평양으로 돌아갔던 듯하다. 경정敬亭 이민성李民宬, 1570~1629의 「연광정에서 옛날 노닐던 때를 회상하며練光亭感舊遊」라는 시에 향란의 노래에 대한 언급이 있으니 말이다. 이 시는 『연사창수집燕槎唱酬集』에 실렸으니, 인조반정이 일어난 뒤인 1623년에 주문사奏聞使 서장관書狀官이 되어 중국에 다녀올 때 지은 것이다.

화려한 집에 연회 열고 상객 예우하니	筵闓華堂禮上賓
비취 옷 입은 미인, 수놓은 옷 먼지를 떨치네.	翠娥嬌拂繡衣塵
버들은 진옥의 허리 팔다리 가는 것 시기하고	柳猜晉玉腰肢細
꾀꼬리는 향란의 곡조 새로움 질투하네.	鶯妬香蘭曲調新
하늘가 채선綵船 능히 다시 앉아보매	天上綵船能復坐
거울 같은 물가 붉은 난간 다시 누구와 친할까.	鏡邊丹檻更誰親
풍류엔 수염 난 사람 한 쌍 어울리지 않으니	風流不稱雙卧鬢
아무래도 청루를 향해 여인麗人 물어본다네.	懶向靑樓問麗人

여인麗人은 풀이하면 고운 사람, 아름다운 여인을 가리키는 말이 되겠지만, 연산군 때에 궁인을 여러 등급으로 나누어 호칭을 정한

가운데 비교적 상위에 속하는 궁인을 지칭하기도 했다. 진옥이라는 기녀는 날렵한 맵시로 춤을 잘 춘 모양이고, 향란은 신곡을 잘 소화해서 불렀던 모양이다. 하지만 이 기록 이후로 향란의 활동을 알 수 있는 자료는 거의 발견되지 않는다.

서파 오도일의 『한저록漢渚錄』에는 "신유辛酉, 1681년에 또 수어사守禦使로 종사하며 관동에서 군대를 점검하였다. 완산完山의 노기 향란은 상국相國 정지화鄭知和, 1613~1688가 젊은 시절에 정을 두던 자여서, 낙하洛下의 여러 공이 시를 준 것이 많았으므로 권축을 이루었다. 놀이삼아 권축 가운데 쓴다"라는 설명을 붙이고, 정상국과 향란의 인연이 다했음을 7언 절구의 짧은 시로 읊었다.

비취 소매 칠보 문양 낡고 빛바랬건만	翠袖凋殘七寶紋
여전히 향기 어여쁘고 남은 향내 진하구나.	尙憐藫澤藹餘薰
흰머리 되어 승상의 정과 인연이 옅으니	白頭丞相情緣薄
다시 양대陽臺에 구름이 되기를 꿈꿀 수 없네.	無復陽臺夢化雲

그런데 평양의 명창 향란이가 완산에 와 있는 그 향란이인지, 아니면 동명이인인지는 확실치 않다. 정지화의 젊은 시절이라고 하면 평안도 명창 향란이와 주된 활동 시기는 같은데, 그렇다면 '완산의 노기'라고 하지는 않았을 터이니 아무래도 동명이인 듯하다.

요컨대 평안도 명창 향란이는 가사歌詞 종류, 즉 '백가관서곡'을 잘 불렸으며, 한시를 곡조에 얹어 잘 불렸음을 알 수 있다. 백가관서곡이란 백광홍白光弘, 1522~1556이 34세 때 평안도 평사評事라는 벼슬을 하면서 지은 「관서별곡」을 의미하는 것일 터, 17세기는 확실히 가사 별곡이 애창되던 때였음이 분명하다. 향란이보다 조금 뒷 시기에 활동한 추향이가 「관동별곡」과 「사미인곡」을 잘 부른 것을 보면, 그에 앞서 「관서별곡」을 잘 부른 기녀가 향란이었음이 매우 흥미롭다. 국문 시가의 창작 순서에 맞게 노래가 불렸으니 말이다.

정철의 「관동별곡」은 한때 고등학교 교과서에 실려 대입시험 준비하느라 줄줄 외우고 다녀서 지금도 기억하는 사람이 많을 것이다. 반면 백광홍의 「관서별곡」은 기억이 날까? "관서 명승지에 왕명으로 보내실 새, 행장을 다스리니 칼 하나뿐이로다. 연조문 내달아 모화고개 너머드니, 귀심歸心이 빠르거니 고향을 사념하랴"하면서, 부임하는 마음 자세와 출발의 광경을 읊기 시작한 바로 그 곡이다. 관서지역, 평양에 도착해서는 수려한 풍광에 압도되어 "연광정 돌아들어 부벽루 올라가니, 능라도 방초와 금수산 연화는 봄빛을 자랑한다" 하며 평양의 풍광을 찬미하고, 인근의 명승지를 두루 돌아보고 연회에서 풍정을 돋워 논다. 게다가 국경이 튼튼한 데다 용맹한 군사들이 늘어선 것을 보고 나니, 흥이 더욱 도도해졌다. 이내 현실 책무에 긴장감을 가지고 충실하려는 마음으로 돌아온다. 그리고 "어느 때에 형승形勝을 기록하야 구중천의 사뢰리요. 미구未久에 상달천문上達天聞(위로 임금님께 들리게)하리라" 한다.

「관서별곡」은 「관동별곡」에 비해 행간에 변방의 긴장감을 훨씬 강하게 품고 있는데, 그래서 남성적 호쾌함이 느껴지기도 한다. 안동지역에서는 1970년대만 해도 아이들이 「도산별곡」 같은 가사를 외우면서 자랐고, 명절에 집안 어른들이 모인 자리에서 유행가 대신에 그런 것을 외워서 칭찬도 듣고 상금도 받고 했었다. "태백산 나린용이 영지산이 높아서라"라고 시작되는 「도산별곡」 말이다. 17세기 초에 관서별곡을 부르던 기녀들 모습이 그와 무어 그리 다르겠는가. 곰곰 생각해보면 그들도 앳되기 그지없는 초등학생들 나이였는데. 가끔 노래 말고 그런 옛 시가의 가사 행간을 거닐듯, 천천히 소리 내어 구성지게 읊조리는 가사 소리가 그립다. 향란이는 그런 것을 어떻게 불렀을까? 요즘 전해오는 십이가사처럼? 아니면, 부녀자들이 내방에서 읊던 내방가사처럼? 내방가사를 조금 더 유창하게 좋은 목소리로 읊은 것일까? 아니면 판소리 단가나 창 한 대목처럼 불렀을까? 🏵

즐거움을 견딜 수 없어 뛰어내려 죽을 테요

밀양의 검무 기녀 운심이

연암 박지원은 동시대를 살고 있는 서민들 가운데 매력적인 인물을 택하여 글의 주인공으로 묘사하곤 했다. 시대의 토픽이 되는 주제와 새로운 인물상을 포착해서 기록으로 남겼던 것이다. 역시 연암다운 안목이라 여겨진다. 그렇게 선택된 주인공 중 한 사람이 바로 「광문자전廣文者傳」의 '광문'이다. 광문이를 요즘 식으로 말하면 '의협심 많은 노숙인'이자 '엔터테인먼트계의 비공식적 실세' 정도로 이해할 수 있을 것이다. 광문이가 성원해주지 않으면 서울 안에 명기名妓들이 아무리 곱고 아름다워도, 그 값이 한 푼어치도 못 나갔다고 하니 말이다.

그는 이름난 기녀들의 후배後陪, 혹은 후종배 역할을 하곤 했다. 요즘 식으로 보디가드 겸 차 운전수랄까, 길을 안내하는 역할을 맡았던 셈이다. 광문의 외모는 극히 추하고, 말솜씨는 남을 감동시킬 만하지 못하며, 입은 커서 두 주먹이 들락날락하고, 만석회曼碩戲*를 잘하고 철괴무鐵拐舞**를 잘 추었다고 전한다. 바로 그 광문이를 기록한 전에 밀양 출신의 이름난 검무 기생 운심雲心이의 이야기가 나온다. 광문이 운심이 집에 갔을 때의 일화이다.

「광문자전」에 등장한 검무 기녀

한번은 궁중의 우림아羽林兒***와 각 전殿의 별감別監, 부마도위駙馬都尉의 청지기들이 옷소매를 늘어뜨리고 검무로 유명한 운심의 집을 찾아간 적이 있었다. 그들은 대청에서 술자리를 벌이고 거문고를

---

* 개성 지방에서 음력 4월 8일에 연희되던 무언 인형극이다. 이 놀이는 개성의 명기 황진이의 미색과 교태에 미혹되어 파계하였다는 지족선사를 조롱하기 위해 연희되었다는 속전이 있으며, 일설에는 지족선사가 불공 비용을 만 석이나 받은 것을 욕하기 위하여 연희되었다고도 한다.
** 중국 전설상의 팔선八仙 중의 하나인 이철괴李鐵拐의 모습을 흉내 내어 추는 춤이다. 이철괴는 그 모습이 머리를 산발하고 얼굴에는 때가 자욱하고 배는 홀떡 걷어올리고 다리는 절뚝거리며 쇠로 만든 지팡이를 짚고 다녔다고 한다.
*** 궁궐 호위를 맡은 우림위 소속 군인들.

전립을 쓰고 칼을 쥔 검무 기녀들. 사진에 나오는 기녀들이 든 칼은 작고 자루와 칼날이 분리되어 있지만, 운심이는 김홍도나 신윤복의 검무 그림에서 나오는 것처럼 긴 칼을 휘둘렀을 것이다. 검무 기녀들의 예인으로서의 기질은 호방함 그 자체였을 것이다. 연암의 「광문자전」과 이덕무의 『입연기』 속에 등장하는 운심이의 모습만으로도 충분히 그녀의 기질을 떠올릴 수 있다. 운심이가 한바탕 검무를 추면 쏟아지는 햇빛이 칼날에 부딪혀 현란하게 주위를 빛냈을 터. 땅 위에서도 허공에서도 벌어지는 춤판……

타면서 운심이더러 춤을 추라고 재촉했다. 그런데 운심이는 짐짓 늑장을 부리며 선뜻 춤을 추려고 하지 않았다. 밤에 광문이가 그 집으로 가서 대청 아래에서 어슬렁거리다가 마침내 자리에 들어가 스스로 상좌上坐에 앉았다. 비록 해진 옷을 입긴 했으나 행동은 조금의 거리낌도 없이 의기가 양양하였다. 하지만 눈가는 짓무르고 눈곱이 끼인 채로 취한 척 구역질을 해대고 북상투를 흐트러뜨린 몰골로 앉아 있으니, 그 자리에 있던 사람들이 얼굴빛이 달라지면서 눈짓을 하며 쫓아내려고 했다 한다. 그러거나 말거나 광문이 더욱 앞으로 나아가 무릎을 치며 곡조에 맞춰 높은 듯 낮은 듯 콧노래를 부르자, 그제야 꼼짝 않던 운심이가 곧바로 일어나 옷을 바꿔 입고 광문을 위하여 칼춤을 한바탕 추었다 한다. 결국 그날 자리에 함께 있던 모든 사람은 즐겁게 놀았을 뿐 아니라, 또한 광문과 벗을 맺고 헤어졌다고 한다.

이 대목을 읽을 때마다 광문과 운심이의 심리를 한번쯤 되짚어보게 된다. 왜 운심이는 기세등등한 사람들이 춤추라고 할 때는 꼼짝도 않다가, 광문이의 취한 노래에 장단을 맞춰 한바탕 칼춤을 추었을까? 가슴에 울울하게 서린 기운을 '번쩍 떨치고 일어나 춤추게 만든 공약수'가 무엇일까? 서로 비슷한 처지에 있는 사람끼리의 연대감일까? 연민 같은 것일까? 광문이를 존중해서, 혹은 좋아해서 그랬을까? 아니면 광문이가 기녀들 세계에서는 실질적 세력을 갖고 있기에 옴짝달싹 못하고 말을 들었던 것일까?

이 장면은 운심이의 성격이랄까, 그 기질을 잘 드러내준 대목이라고 생각된다. 타고날 때 부여받은 신분 하나로 온갖 구속과 천대가 당연시되는 것이 당시 사회였다. 그 신분이라는 것은 자신이 소원했던 바도 아니며, 홀로 노력한다고 극복될 수도 없으며, 부모를 탓할 수도 없는 질곡이다. 그 구속에서 자유로울 수 있는 사람은 없다. 천한 신분일 경우 그 고통은 또 얼마나 큰가. 자신의 한평생뿐만 아니라 자손들의 운명까지 그렇게 결정되고 만다.

그런데 오직 예인 기질이 충만한 사람은 비록 몸은 세상 현실의 온갖 잡되고 구질구질한 사슬에 얽혀 있을지라도, 정신은 더할 나위 없이 자유롭게 날아올라 그러한 구속에서 자신을 해방시킬 수 있다. 천대받는 광문이와 기녀 운심이의 한바탕 놀이는 바로 그런 심리가 맞아떨어져, 스스로가 해방된 기분으로 놀았던 것이 아닐까. 그런 기운은 그날 연회에 참석한 모든 사람에게 그대로 번져나갔으리라. 그렇게 추측해보는 근거는 그날 놀이 이후에 함께했던 사람들이 모두 벗이 되었다고 하는 대목 때문이다. 동정심이거나 울분, 혹은 명령에 굴복하는 것, 아첨 섞인 기분으로 추는 춤 따위는 사람들을 화합시킬 만한 긍정적 에너지를 불러일으키지 못하는데, 그날의 자리는 모두를 신명나게 하고 하나로 만들었다. 예술적 카타르시스를 맛보게 하는 대목인 것이다.

이덕무가 영변 약산에 올랐을 때

운심이에 대한 기록은 청장관 이덕무가 정조 임금 2년(1778)에 중국에 사신으로 다녀오면서 쓴 『입연기入燕記』에도 있다. 음력 3월 30일에 이덕무는 철옹에 머물러 자고, 몇몇 지인들과 영변 약산에 올랐던 일을 기록하고 있다.

날씨가 청명하고 화창했다. 철옹에서 유숙했다. 나는 오늘이 봄을 보내는 마지막 날이니, 한번 약산藥山에 올라가봐야겠다고 생각했다. 도호공都護公이 부중府中의 손님들을 데리고 천주사天柱寺·서운사棲雲寺 등을 두루 방문했다. 이 절들은 부아府衙와 약산의 중간 지점에 위치했는데, 경치가 아늑하고 난간이 널찍했다. 나는 김운산金雲山과 운韻자를 뽑고 술잔을 기울였다. 또 기생들은 도암선생陶庵先生(이재李縡)의 '이태백의 영혼을 대신해서 죽지사를 읊는다代李太白魂誦傳枝詞'는 시를 외니, 흥겹기 이를 데 없었다. (…) 소나무 사이로 난 돌길을 따라 약산의 동대東臺에 올라갔다. 우뚝 솟은 동대는 너댓 길이나 되었고 수십 인이 앉을 만했다. 동쪽으로 묘향산을 바라보니 흰 빨래가 산을 두른 것 같았다. 이는 아직 녹지 않은 겨울 눈이다. 서쪽에는 압록강 연변의 산들이 개미집 같았고, 남쪽은 큰 바다가 중국의 청주靑州와 맞닿았고, 북쪽을 바라보니 산세가 말갈 지방으로부터 뻗어와서 아득히 끊임없이 내닫고

있었다. (…) 밀양 사는 운심은 유명한 기생이다. 절도사節度使 이은춘李
殷春이 영변寧邊의 수재로 있을 때 자기 아버지가 사랑하던 기생이라 하
여 데리고 왔다. 운심은 이때 이미 늙어 머리가 허옇게 세었다. 운심이
동대에 올라 한참 동안 사방을 바라보다가 갑자기 강개하여, "후세에
만일 밀양의 운심이가 약산의 동대에 올라 즐거움을 이기지 못해 뛰어
내려 죽었다 하면 어찌 장한 일이 아니겠는가" 하고, 인하여 치마를 감
싸고 몸을 날려 떨어지려 했다. 모두들 깜짝 놀라 붙잡았으므로 중지되
었다. 이 이야기도 아울러 전하여 승사勝事로 삼는다.

민족문화추진회 역

풍경을 머릿속에 한번 그려보라. 일행이 소나무 사이로 난 돌길
을 따라 약산의 동대에 올라간다. 올라가보니 수십 명이 앉을 만한
널찍한 공간이 드러나고, 동쪽으로 묘향산은 흰 빨래가 산을 두른
듯 아직 겨울 눈이 녹지 않았고, 서쪽으로는 압록강 연변의 산들이
개미집 같고, 남쪽은 큰 바다가 중국의 청주와 맞닿았고, 북쪽을 바
라보니 산세가 뻗어와서 아득히 끊임없이 내닫고 있는 광경이 그려
지는가? 이덕무의 표현 그대로 참으로 장관이다. 그런 광경 속에서
운심이는 한마디 말을 남긴 채 몸을 날려 뛰어내리려 했다. 그러자
모두들 놀라 붙잡았다는 것이다.

어찌 보면 운심이의 행동은 투정이거나 객기처럼 보이기도 한다.
특별한 동기도 없이 다만 눈앞에 펼쳐진 장관을 보고 즐거움을 이

기지 못해 뛰어내려 죽는다는 것이 보통 사람에게 얼마나 이해될 수 있을까? 상식에서 벗어나 있을 뿐 아니라 정말 비일상적인 모습이다. 바로 그런 점을 이해하게 하는 말이 '예인 기질'이 아닐까 싶다. 예인 기질을 개념으로 정의하기는 힘들다. 하지만 그런 기질이 충만한 사람은 일상의 관습과 구속을 못 견디는 듯하다. 그런 이들은 뛰어난 감각과 직관력으로 문제의 본질을 간파하고 일상의 반복으로 굳어진 관습을 전복시키거나, 세세한 구속을 단숨에 벗어나버리는 행동을 보이곤 한다. 그것은 결코 작은 일이 아니다.

사실 일상의 아무리 사소한 일이라 할지라도 관행에 거역하거나 저항하려 할 경우 엄청난 에너지를 필요로 한다. 고작 의상이 조금 튀게 보이는 것을 견디기도 얼마나 어려운가 말이다. 그렇기에 소심한 생활인들은 일상의 규칙에 순응하고 만다. 반면 예인들은 자기 에너지로 그런 것에 저항하며 직관과 통찰의 힘으로 다른 면모를 발산한다. 그것은 조직을 구성하여 사회적 행동을 취하는 저항이나 반역과 다르며, 언어 논리로 남을 설득하거나 비판하는 일과도 다르다.

감각을 통한 직관력으로 곧장 개인행동을 취해나가는 면모는 예인들이 보여주는 것이다. 그런 모습은 작게는 소심한 생활인들에게 '통쾌한 해방감'을 맛보여주고, 크게는 '한 시대를 새롭게' 열어젖히는 영향력을 발휘하기도 한다. 그렇게 현세의 모든 고통과 구속을 남다른 열정의 용광로에 녹여서 자신만의 고유한 개성을 창조하

이기지 못할 슬픔이 아닌 청명함과 화창한 풍광에 분연히 강개하여 뛰어내려 죽을 수도 있는 것이 예인들이었다. 천한 신분으로 인해 혹은 조실부모 한 탓에 기녀가 되기도 했지만, 이처럼 넘치는 기질을 주체하지 못해 평생 기녀로 살아야 할 팔자도 있는 법. 그 기질은 눈매에서 드러나고 자태에서 드러나며 그 성격에서 드러나는 것이지, 결코 말로 설명될 수 없는 바이리라.

고 확보해내는 힘이야말로 예인의 본질이 아닐까? 누구도 흉내 낼 수 없는 자기 자신으로 살아가는 모습, 그것이 예인의 완성 단계가 아닐까 싶다. 그런 의미가 없다면 이덕무 같은 이가 이 이야기를 자세히 기록하여 전하면서 승사勝事(참 멋진 일)로 여길 리가 있겠는가. 이덕무도 운심이의 기질과 행동이 통쾌하게 느껴졌기에 기록했을 것이리라.

그 외에도 운심이와 관련된 기록으로 박제가의 「검무기」가 더 있다. 박제가는 스무 살 때 영변도호부사로 부임하는 장인을 따라 관서지방에 공부하러 갔다. 그 길에 묘향산을 유람했는데, 용문사에 묵을 때 기녀 두 사람이 추는 검무를 보았다. 꽤 깊은 인상을 받았는지 박제가는 「검무기劍舞記」라는 산문에 그 춤추는 광경을 자세히 묘사했다. 그럼에도 불구하고 그 글 끝부분에 "이번에 내가 본 검무는 그 지극한 경지는 아니라 하겠다. 까닭에 검무의 기이한 변화를 자세히 다 보진 못하였다. 근세의 검무를 추는 기생으로 밀양의 운심을 일컫는데, 내가 본 기생은 그의 제자이다"라고 한마디 아쉬움을 덧붙였다. 아마 그 아쉬움은 춤의 동작이나 기교에서 나온다기보다는 예인의 기질과 영혼의 크기, 삶을 소화하는 열정에서 나오는 것이라서, 운심이 자신이 아니면 그 누구도 대신 메울 수 없었던 것이리라.

교방은 기녀들의 학교였다. 운심이도 검무를 교방에서 배웠을 테고, 연회에 나가기 전에는
교방으로 가서 다른 기녀들과 연습을 했을 것이다. 다른 춤과 달리 검무 연습은 한 치의 실
수도 용납되지 않는 엄격함이 있다. 검무를 몸에 익히기 전에는 호된 꾸지람도 많이 들었
을 것이고, 상처를 입는 일도 잦았을 터이다. 나이 든 운심이 나이 어린 기녀들에게 검무를
전수할 때, 가끔 옛일을 돌아보며 상념에 빠지기도 하지 않았을까?

봄이 왔음에도 집에 있는 날이 드물구나

그럼 운심이는 날 때부터 검무를 잘했을까? 역시 교방에 들어와서 배웠을 것이다. 그리고 자신도 교방에서 검무를 가르쳤으니 제자가 있는 것일 터다. 장악원의 교습 방식과 교방에서의 교습 방식이 다르지 않았다면, 아마 관기들이 공연이 없는 평소에는 자기가 맡은 바느질, 청소, 물 긷기, 부엌일 등을 하다가 매월 2일 6일이 들어 있는 날이면 다 같이 모여서 총연습을 했을 것이다. 또한 사신 행차가 있다든가, 한양의 궁궐로 뽑혀 올라가서 궁중 연회에 참여해야 한다든가 해서 큰 공연을 앞두면 본격적으로 연습에 몰입해야 하므로 날마다 교방에 가서 연습을 했으리라.

채제공이 「종이를 받들고 와서 글씨를 구하는 기녀가 있어 가벼운 마음으로 써준다妓有奉牋求書者 戲草以贈」라는 제목을 붙인 시의 셋째 수를 보면, "춤을 익히느라 봄이 왔는데도 집에 있는 날이 드물구나, 월나라 비단에 향내 나는 교방敎坊의 꽃"이라는 구절이 있다. 기녀들이 교방에 나가서 검무를 익히고 있음을 알 수 있다. '의궤儀軌' 종류의 기록에 "안동 기생 낙선은 나이 41세인데, 처용무를 김준영에게 배움"과 같은 표현이 보이는 것으로 미루어 교방에서도 특정 종목마다 전문적으로 맡아 가르치는 사람이 있었던 듯하다. 교방은 고려시대부터 기녀들에게 주로 속악俗樂과 당악唐樂을 가르치고 관리하던 기관인데, 조선초기에는 관습도감慣習都監에서 교방 여기들을 관장하기도 했고, 이후 전악서典樂署를 두었다. 또한 1458년(세조 4)에는 장악원으로 개편함으로써 좌방과 우방을 두어 좌방은 아악雅樂을, 우방은 속악을 맡게 했고, 좌방과 우방을 합칭하여 교방이라 부르기도 했다. 그런데 이 교방은 중앙 정부에만 둔 것은 아니고, 지방에도 군영軍營이 함께 딸려 있는 큰 감영監營에는 대개 이를 갖추고 있었다.

재예 기녀들이 이름을 날린 곳은 대체로 평양, 개성, 의주, 선천, 성천, 함흥, 경주, 진주, 동래 등이다. 그곳은 군사 주둔지일 뿐 아니라 외국으로 사신들의 왕래가 빈번한 길목에 해당하는 고장들이다. 그곳에 교방을 설치한 주된 목적은 첫째가 사신들의 노고를 위로하고, 둘째가 가무와 활쏘기, 말달리기 등의 시범을 보임으로써 지역 군사들의 사기를 돋우는 역할을 감당하는 것이었다. 그런 까닭에 위의 고장들의 이름난 장소에서는 사신들을 위한 전별연이나 위로연이 화려하게 베풀어졌고, 그런 기회마다 유명한 예기가 하나씩 생겨났던 것이라고 생각하면 된다.

평양의 검무는 다른 지방보다 대륙적인 기질이 강한데, 그 복색은 궁중의 검기무와 같아 무관들의 전복을 입고 전립을 썼다. 평양 검무는 연광정과 부벽루에서 자주 연회되었는데, 이들 누각은 모두 대동강이 내려다보이는 곳에 있다. 연광정은 관서팔경의 하나로 꼽힐 만큼 경치가 빼어난 곳이며, 사진 속의 부벽루는 그 모습이 맑고 푸른 물 위에 떠 있는 듯하다 하여 이름 붙여진 것이다.

군사들의 사기를 드높이다

특히 검무가 발달한 곳은 국경지역이거나 병영이 있는 곳이다. 아리따운 기녀들이 군복을 갖춰 입고 쌍검을 쥐고서 동에 번쩍 서에 번쩍 하며 날쌔고 신기한 솜씨로 칼을 쓰는 모양새나, 말을 달리는 솜씨는 군영의 사기를 드높이는 좋은 촉매제였다. 평양의 기생 모란牧丹이 석북 신광수가 두보의 시구를 이용하여 우국충정이 넘쳐나게 재창작한 '관산융마關山戎馬'를 잘 부르고, 함흥 기생 가련可憐이 여협女俠 기질이 있어 '출사표出師表'를 잘 부른 것이나, 북쪽의 의주나 북청, 남쪽 끝 제주의 기생이 말 타기를 잘한 것 등이 모두 같은 맥락이다.

1791년 김정중의 사행 기록인 『기유록奇遊錄』 11월 17일 조에는 "사신이 용천과 용만 두 고을의 기생을 불러서 진변헌鎭邊軒 안에서 검무로 승부를 겨루게 하니, 바로 하나의 투화연鬪花宴이었다. 계랑桂娘이라는 용천 기생이 있어 좌우로 돌며 연풍대軟風臺를 잘하는데, 이것으로 능히 주름 잡았다"라는 대목이 보인다. 그 외에 1764년 김종정의 「심양일록」 2월 26일 조에 연광정에서 검무를 보았다는 기록, 홍양호가 1782년에 쓴 「백상루百祥樓에서 검무를 보았다」, 1794년에 쓴 「황주 제안당齊安堂에서 묵으며 검무를 보았다」 같은 시는 모두 사행길에 검무를 보고 검술의 기교와 서릿발 같은 긴장감을 형상화한 작품들이다.

운심이에 관한 기록도 그 장소들이 대개 중국 사행길과 관련이 깊은 곳임은 물론이다. 중국으로 사행 가거나 중국 사신을 영접하고 전송할 때 노정이 한양 도성을 출발하여 고양, 파주, 장단을 거쳐 황주, 평양, 안주, 선전을 지나 의주에서 압록강을 건너, 구련성九連城으로 들어서게 된다. 한양 도성에서 출발하여 압록강을 건너기까지는 한 달에 가까운 시일이 걸리는데, 그동안의 노정에서 비교적 규모를 갖춘 사신 위로연이 베풀어진 곳은 황주의 월파루月波樓, 평양의 연광정練光亭과 부벽루浮碧樓, 안주의 백상루百祥樓, 선천宣川의 의검정倚劍亭, 의주의 통군정統軍亭이 대표적이다.

이들은 각각 그 고장에서 가장 빼어난 경관을 감상할 수 있는 곳으로서, 문사들의 시와 산문에 허다히 등장하는 명소들이다. 사행들은 주로 황주를 지나 평양에 이르러서는 대동관에 짐을 풀고, 연광정과 부벽루에서 베풀어지는 연회에 참석하곤 했다. 평양은 나라에서 가장 큰 진鎭으로, 사신들이 경유하는 곳이요 군사들이 모이는 곳으로 일컬어져왔다. 평양은 물자와 인력의 넉넉한 규모와 물화의 풍부함으로 1636년 병자호란 직후에 있었던 무수한 사행 행차 접대에 군색함 없이 감탄케 할 정도로 번화한 곳이기도 했다. 그로부터 1세기 가까이 지난 1732년에 도곡 이의현과 함께 사행길에 올랐던 부사 조최수趙最壽는 8월 1일에 평양에 도착해서는 "참으로 번화낙토繁華樂土"라며 감탄을 금치 못했다.

그런 평양의 연광정과 부벽루 두 곳은 대동강의 푸른 물결과 탁 트인 전망이 으뜸으로 손꼽힌다. 또한 백상루는 평안북도 안주安州 북성北城의 청천강淸川江 가에 자리 잡은 누대로, 그곳에서 영변의 약 산 동대와 묘향산이 한눈에 바라보인다. 선천의 의검정은 그 규모 가 굉장히 크고 넓어서 서로西路에서 이름난 곳이었다. 선천은 위치 가 요충인 까닭에 지형상 성첩과 산 고개 좁은 목의 험준한 데가 없 다는 점이 다소 미흡하게 여겨졌으나, 고을도 크고 부유하며 방어 사를 둔 병영이 있었던 곳이다. 까닭에 선천 의검정에서 행해진 가 무 가운데 특히 '검무'가 유명한 것은 그런 상황과도 관계가 깊다.

또한 의주 통군정은 평안북도 의주읍성의 북쪽 장대將臺로서 고 려 전반기에 세워졌고, 조선 성종 9년(1478)에 의주목사 한천손韓千 孫이 중수한 정자다. 관서팔경關西八景의 하나로 꼽히는 이곳은 의주 읍성에서 가장 높은 삼각산 봉우리에 자리 잡아 요동 벌판이 한눈 에 조망된다고 한다. 이런 장소에서는 그 고을 및 인근 고을 관아에 속한 교방의 기녀들이 지방관의 지시를 받아 갖가지 공연 레퍼토리 를 갖추고 사신들을 영접했다. 사행 여로의 고달픔과 괴로움을 깨 끗이 씻어줄 만큼 그 위로의 의미가 컸던 것이다. 채제공은 의주부 윤이 베푼 연회에 참석한 심회를 1778년 사행 기록인 「함인록含忍 錄」에서 "매운 맛 머금고 쓴 맛 삼킨 이천 리 길, 이 광경 대하고서 심신이 기뻐지네"라고 표현했는데, 먼 길 여정에 긴장과 부담으로 심신이 지쳤을 때 사행들을 위로하는 연회는 피로회복 효과를 제대로 발휘했던 것이다.

18세기 문인들, 검무에 매료되다

18세기의 문인들 가운데 채제공, 성해응, 신광수, 신광하, 강세황, 조태억, 김이양金履陽, 이천보李天輔, 최성대崔成大, 남유용南有容을 비롯한 다수의 문인들이 검무를 본 이후에 그것을 시로 묘사하고 있다. 유득공의 「검무부」도 마찬가지다. 이들의 시는 대개 사행으로 가거나 동료들이 사행 가는 것을 전송하는 전별연, 혹은 돌아오는 길의 환영연에 참여하여 같이 검무를 보고서 남긴 작품이다. 검무는 대체로 두 사람, 혹은 네 사람이 겨루는 것으로 구성되어 있는데, 최성대의 시 「서흥관瑞興館에서 검무를 보았다」를 예로 들어본다.

마주 선 모습 꽃가지 같은	對立似花枝
열세 살 소녀 아이.	十三小女兒
칼이 다가와도 처음에 움직이지 않다가	劒來初不動
북소리 급하니 비로소 서로 버티네.	鼓急始相持
갑자기 날 개어 무지개 뜨고	倐忽晴虹起
회돌매 어지러워 눈인가 의심하네.	廻旋亂雪疑

푸르른 검광이 흩어지지 않는 곳 없으니　　　　　　　　　　　淸光散無處

사방 좌객들 탄성을 발하네.　　　　　　　　　　　　　　　四座發嗟咨

　검무 기량에 대한 묘사와 찬탄이 내용의 전부라고 해도 과언이 아닐 만큼 검무 동작 묘사에 비중을 두고 있다. 대개 이런 시들은 검무를 출 사람의 용모와 분위기, 칼의 번뜩임, 그 긴장된 교차, 대결, 마무리 동작의 날렵함 등의 순서로 내용이 구성되곤 한다. 기녀의 검무는 1인무와 2인무, 4인무가 있었던 듯싶다. 신광수의 「전주 한벽당寒碧堂 12곡曲」의 제3곡을 보면 1인무가 그려져 있다.

　전주의 여아가 남장男裝을 익혀　　　　　　　　　　　全州兒女學男裝

　한벽당寒碧堂에서 검무를 추네.　　　　　　　　　　　寒碧堂中劍舞長

　검광劍光의 움직임 보아도 보이질 않는데　　　　　　看到瀏灕看不見

　만당한 좌객, 돌아보니 기운이 서릿발 같네.　　　　　滿堂回首氣如霜

　「연광정에서 검무 기녀 추강월秋江月에게 준다」에서 "푸른빛 전립에 붉은 바탕 치마, 서관西關 제일의 검무랑劍舞娘" 같은 표현도 1인 검무를 보고 쓴 시이다. 김리양金履陽, 1755~1845의 「쌍둥이 기녀의 검기무劒器舞를 보고」나 김홍도의 그림 「쌍검대무」, 박제가의 「검무기」에 나타난 모습은 2인 검무다. 또한 그 후대의 평양 검무 사진을 보면 4인이 춤을 추기도 하고, 6인 이상이 검무를 추기도 하는데 칼의 모양에 변화가 나타난다. 김홍도의 그림에 나오는 긴 칼이 아니고, 칼날 중간에 마디가 잘라져 엮인 것으로 굿할 때 쓰는 것처럼 짤막하고 귀엽다. 훨씬 무대화된 칼임을 알 수 있다.

검무 기녀들의 이 기기묘묘한 솜씨는 관청에서 공식적으로 연마하는 과정만으로는 습득하기 어려웠을 것이다. 역시 검무는 개인의 적성과 재능이 있어야 하고, 공식적으로 배우는 것 외에도 자기 나름대로 또 배우고 익히는 노력이 있었을 터인데, 그곳이 어디일까? 바로 기생 어미 집이다.

소소蘇小의 집에서 춤 배우는 낭자	蘇小家中學舞娘
어미 따라 손님 전송하러 횡당橫塘, 제방에 이르렀네.	隨孃送客到橫塘
나루터 해질녘 상사곡相思曲은	津亭落日相思曲
내일 아침 오기도 전에 애간장 끊어질 듯.	不待明朝已斷長

석북 신광수가 「녹벽綠壁의 제자 월섬月蟾에게 준다」라는 제목으로 쓴 시이다. 첫 구절의 소소는 바로 기생을 뜻한다. 중국 남제南齊 전당錢塘 지역의 유명했던 기생 이름이 소소인데, 전轉하여 '기생'을 뜻하는 말로 쓰인다. 여기서 소소는 바로 월섬의 스승 녹벽을 가리킨다. 기녀들의 재예가 공식적으로 연습하고 익히는 것으로만 완성될 수가 있을까? 공식적인 교습 외에 자신들의 재능에 따라 스스로 연마함은 물론, 기생 어미들에게 개별적으로 익히기도 하였을 것은

당연한 경로이리라. 박제가의 「검무기」 끝에 "근세에 검무로는 밀양 기생 운심을 일컫는데, 이들은 대개 그 제자이다"라는 구절 역시 운심이가 개별적으로 관심을 쏟아 교습한 경우를 짐작하게 한다.

삶의 고통과 신분의 벽을 넘어

그 옛날의 예기들에 관한 기록을 읽을 때마다 느끼는 바인데, 이들은 오늘날의 산업형 스타들과는 참 많이 다른 듯하다. 역사적 신분 조건이나 생활 조건은 말할 필요도 없겠지만, 한 개인의 인물됨에서도 차이가 난다. 오늘날의 산업형 스타들은 자신의 삶이 성숙하기도 전에 이미지가 만들어지고, 그로 인해 인기가 요동치고, 그것을 감당치 못해 스스로 먼저 파괴되기도 한다. 그에 비해, 그 옛날의 예기들은 사회의 가장 밑바닥 신분으로 태어나 뜻하지 않은 삶의 고통을 모두 예술적 재능 하나로 뛰어넘고 있다. 고통을 다지고 삭혀서 신분의 벽을 넘어 삶의 해방감을 맛본다.

18세기의 검무 기녀 운심이의 풍모는 한 조각 자료로 전할 뿐이지만, 그런 점에서 새삼 주의 깊게 음미하도록 만든다. 신분사회 최하층의 존재로서 그 천대와 조롱에 파괴되지 않고, 한갓 겉달린 애정의 그늘에 주저앉지 않으며, 기어이 한 인간으로서 자신다운 모습으로 살기가 어디 쉬운 일이겠는가? 돈이나 권력, 인기가 춤추라 한다 해서 우러나지 않는 춤을 추지도 않거니와, 춤을 추면 자기 마음을 달래서 주변 사람들까지 다 기분이 바뀌게 만드는 그 힘이 어찌 거저 나올까? 그런 춤이야말로 언제 어디서나 진정 간절히 자기 자신으로 살고사 하는 사람만이 출 수 있는 것이리라. 운심이의 행적에서는 그런 예인의 모습을 엿볼 수 있다.

운심이 같은 검무 기녀 한 사람의 존재는 한 개인의 재능과 열정, 의지에 더하여 그를 그렇게 존재하게 만든 시대의 문화와 관객이 함께 탄생시킨 신화다. 시중에는 조선시대 관기들을 마치 오늘날의 성희롱에 가까운 시선으로 다룬 책들이 적잖이 있다. 그러니 부분과 전체, 보편과 특수, 역사적 실상과 과장된 해설은 읽는 사람이 잘 판단하는 수밖에 없다. 조선시대 예기들을 오늘날 자유연애로 방종한 생활을 하는 여자나 술집에서 성적 서비스를 하는 여자처럼 생각하는 것은 정말 오해다. ❀

사람이 외로운 것은 살아 있다는 증거라고 한다. 그러나 '사는 재미'를 찾은 사람은 아마도 생물체 본연의 그런 외로움을 까마득히 잊은 채 살고 있을 것이다. '사는 재미' 중 가장 지극한 경지는 아마 '마음이 부절처럼 딱 합치되는 맞수'를 만날 때가 아닐까? '맞수'와 만남은 '일방통행'이 아니라는 점에서 싱싱하게 약동하는 즐거움을 만들어내기 때문이다. 일방통행은 한쪽의 즐거움이 다른 한쪽에겐 고통이 될 위험도 있는 반면, 맞수의 즐거움은 피차 양쪽이 공유하는바 아름다운 메아리를 만들어내지 않는가. 그런 까닭에 그 풍성함으로 주변에도 삶의 희락을 다양하게 드리운다. 우리가 다른 사람이 좋은 짝을 만났다고 기어이 한곳에 모여 거창한 식을 올리게 하고, 그들의 관계를 인정해주며 떠들썩하게 축복하는 이유도 바로 그런 데에 있을 것이다.

북관 기생이 한밤중에 통곡한 사연

우선 18세기 함흥의 기녀 '가련' 이에 대한 기록 하나를 본다. 꽤 길다.

어느 객이 북관의 기녀가 밤에 통곡한 사연을 매우 자세히 말해주었는데, 그 내용은 이러하다. 함흥의 기녀로서 이름이 '가련可憐' 이란 이가 있었는데, 얼굴이 매우 아름다웠으며 성격이 소탈하고 기개가 있었다. 시문詩文을 제법 이해하여 제갈량의 「출사표」를 낭랑하게 외웠고, 술을 잘 마셨으며, 노래를 잘할 뿐 아니라 검무에도 능하고, 거문고를 타고 퉁소를 품평하기도 잘하여, 바둑과 쌍륙에도 능하였다. 사람들이 모두 그를 '재기才妓' 라고 일컬었는데, 스스로는 여협이라고 자부하였다. 일찍이 태수太守(함흥부사)를 따라 낙민루樂民樓에 올랐다가 만세교萬歲橋로부터 오는 사람이 있어 바라보니 미소년이었다. 옷차림이 산뜻하고 고왔으며 얼굴 생김이 수려하여, 그 풍채와 운치가 능히 사람의 마음을

조선 기녀들의 교양은 우리의 상상을 뛰어넘곤 한다. 스스로를 여협으로 칭했던 함흥 기생 가련이도 당대의 선비들과 능히 견줄 정도로 풍요로운 교양을 갖추고 있었다. 소리를 들을 줄 알고, 시문을 잘 이해했으며, 게다가 잡기에도 능했다고 기록은 전하고 있다. 죽는 날까지 서책을 가까이 두고 읽기를 게을리 하지 않았을 이 가인의 눈에 들 만한 양반들은 과연 몇이나 되었을까.

움직일 만하였다. 열 명이 검정말을 타고 호위해오는데, 그 뒤에는 따로 한 필의 말에다 금낭琴囊·시통詩筒·술항아리를 싣고 따라오고 있었다. 가련은 그가 필시 자기에게로 올 줄 알고 병을 핑계하여 자기 집으로 돌아와보니, 나귀가 이미 문밖 작은 복숭아나무에 매여 있었다. 드디어 그를 중당中堂으로 맞아들여 즐거워하기를 평소에 친숙한 사람과 같이 하였다.

이에 문을 닫고 촛불을 밝힌 다음 방에서 유흥을 펼쳤다. 그와 더불어 시를 지음에 가련이 화답하면 소년이 부르고, 소년이 화답하면 가련이 불렀으며, 더불어 거문고를 타고 노래를 함에 가련이 거문고를 타면 소년이 노래하고, 가련이 노래하면 소년이 거문고를 탔다. 더불어 술을 마심에 가련이 부어주면 소년이 마셨고, 소년이 술을 따르면 가련이 마셨으며, 더불어 바둑을 둠에 소년이 이기면 가련이 졌고, 더불어 쌍륙을 함에 가련이 이기면 소년이 졌다. 더불어 퉁소를 부니 한 쌍의 봉황이 와서 그 만남을 기뻐해주는 듯하였고 더불어 칼춤을 춤에 한 쌍의 나비가 합하여 헤어질 줄 모르는 것 같았다.

가련이 매우 기뻐하여 과분하게 여기고 스스로 '내가 이 세상에서 이 사람 하나를 만난 것으로 족하다. 내가 이 세상을 헛되이 살지 않았다'라고 생각하고, 즐거운 기분으로 도리어 자신이 합당한 상대가 되지 못할까 염려하였다. 이에 먼저 쪽진 머리와 치마를 풀고서 술기운에 의탁하여 잠을 청하였다. 그런데 소년은 마지못한 듯, 즐거워하는 기색이 아니었다. 등불이 꺼지고 향로의 향기가 사람에게 풍기게 되자, 소년은 다만 벽을 향해 모로 누워서 긴 한숨과 짧은 탄식을 내뱉을 뿐이었다. 가련이 처음에는 오히려 기다리고 있었으나, 한참 후에는 의심이 들어 가까이 다가가 확인해보니 고자였다. 가련이 드디어 벌떡 일어나 손으로 땅을 치며 통곡하기를 "하늘이여, 하늘이여, 이 사람이여! 이 사람이여, 하늘이여!" 하였다.

문을 열고 내다보니, 달이 지고 이미 새벽인데 새가 울고 꽃이 지고 있었다.

『역주 이옥전집』, 실시학사 고전문학연구회 역

「북관 기생의 한밤중 통곡」이라는 제목으로 이 이야기를 기록한 18세기의 선비 이옥李鈺, 1760~1815은 가련을 '통곡을 잘한 사람'이라고 칭송했다. 이옥은 "가련의 통곡이 어찌 그가 정욕을 이루지 못함을 상심해서이겠는가? 가련의 한바탕 눈물은 아마도 천고에 '만남'이 어려움을 울었던 것이리라"라고 하며, 천고에 드문 가인佳人·재자才子끼리 '맞수가 될 동반자'가 될 뻔했다가 이루지 못한 사연을 자신의 일인 양 안타깝게 생각했다. 이옥은 성군과 충신의 만남 못지않게, 가인과 재자의 만남도 생의 의미 전부를 걸어도 좋을 만큼 가치 있고 희귀한 것으로 여겼다.

가련이 배필을 찾는 기준

그런데 이 글을 읽노라면 가련의 진짜 매력은 그가 짝을 선택하는 기준에 있다는 생각이 든다. 고위층을 따라다니며 공연을 하고 비위를 맞추면서도, 자기 생의 인연을 잘 파악하고 있어서 지나칠 뻔한 작은 기회라도 정확히 포착하는 점도 흥미롭고 말이다. 가련은 무엇이 '빛 좋은 개살구'인지, 무엇이 자기 삶에 '진정한 행복'인지 혼란 없이 파악하고 있었다. 그런 까닭에 태수를 수행하여 낙민루에 갔다가도 자기가 원하는 '짝'을 놓치지 않으려고 눈치 빠르게 돌아왔던 것이다.

가련의 그런 모습은 하층에서 고생하며 자란 사람들에게 배인 삶의 지혜를 집약하고 있는 듯 느껴진다. 그녀는 한 번뿐인 인생을 남의 비위나 맞추며 입에 풀칠이나 하는 정도로 끝내는 것이 아니라, 진정한 자기 자신의 행복을 추구할 기회를 잊지 않고 찾아가고 있다.

가련은 그때 함흥에서 기녀생활을 한 지 십 년 즈음이라, 온갖 화려한 행차를 이미 많이 본 후였다. 함흥은 북도의 번화한 고장이어서 관찰사와 어사가 준여準輿(대부가 사용하는 깃발)를 날리고 웅식熊軾(제후들이 타는 수레)을 몰아 이르고, 절도사와 변방의 장수들이 아기牙旗(대장의 깃발)를 앞세우고 고동을 울리면서 지나가고, 귀족 자제들이 화려한 복장에 날랜 말을 타고 다니고, 부유한 장사치들이 은전을 가볍게 알고 수놓은 비단을 대수롭지 않게 여기며 노닐고 해서, 요즘식으로 치자면 고위 관료 및 정치인, 군 장성·재벌, 그리고 그들의 자제인 '오렌지 족속'들을 두루 보았던 셈이다. 하지만 가련은 그런 외적인 조건에 마음이 흔들리지 않고 자기 나름으로 짝에 대한 기준을 세워두고 있었다. 그 기준은 이랬다.

시에 능하면서 술을 마실 줄 모르는 자는 내 짝이 아니요, 술을 잘 마시면서 노래에 능하지 않은 자는 내가 좋게 여기는 바가 아니요, 노래에 능하면서 거문고를 타지 못하는 자는 내 마음에 드는 사람이 아니요, 거문고를 잘 타면서 바둑에 능하지 않은 자는 나와 어울리는 사람이 아니요, 바둑에 능하면서 춤에 능하지 못한 자는 나의 맞수가 아니요, 쌍륙과 퉁소에 이르기까지 모두 내가 능한 바를 능한 이후라야 바야흐로 '이 사람'이라 할 만하다.

그녀는 예인으로서 최고의 맞수를 배필로 찾고 있었다. 그런데 어렵사리 찾았다 싶어서 한껏 좋아했다가 정상적인 생활을 함께 할 수 있는 배필이 아님을 알게 되니 통곡을 목놓아 했던 것이다. 문득 모로 미야가 쓰고 허유영이 옮긴 『에도 일본』이라는 책의 한 장면이 떠오른다.

「호색일대남」이란 작품의 주인공이 다유*를 아내로 맞이하려고 하자 친족들의 거센 반대에 부딪힌다. 하지만 그들을 한번 불러 만찬을 열고 나자 친족의 모든 부인들이 오히려 그 다유에게 반해서 그의 혼인을 찬성하는 사람으로 변하게 된다는 것이다. 양갓집 여자와 기녀는 여러모로 달랐다.

양갓집 아낙들은 눈치가 없고, 무엇을 하든 민첩하거나 간결하지 못하며, 다소 옹졸하다. 또 편지를 쓰면 말과 다르고, 술을 마시지 못하고, 노래도 부를 줄 모르며, 옷매무새가 단정하지 않고 행동이 우유부단하다. 걸음걸이가 비척거리고, 베갯머리에서도 일상적인 잡다한 이야기만 해댄다. 돈을 아끼기 위해 한 번 코를 풀 때 종이를 단 한 장밖에 쓰지 않고, 침향枕香을 약재로밖에 생각하지 않으니 하는 일마다 눈살이 찌푸려진다.

그런데 다유라는 고급 기녀는 선녀인 듯 차원이 다르게 세련되었다.

손님이 오면 우선 금을 연주하고, 피리를 불고 와카和歌를 한 곡조 멋들어지게 뽑아낸다. 차를 내오고 꽃꽂이를 하며, 시곗바늘을 맞추고 손님과 바둑을 두며, 여자 아이의 머리를 빗어준다. 고금의 그 어떤 화제로

* 일본의 기녀. 우리나라의 예기藝妓와 같은 존재 .

도 자연스럽게 대화를 이어가 함께 마주한 사람을 감동시킨다.

이런 정도면 요즘 최고급 배우나 가수와 일반인을 비교하는 수준이다. 이들의 재능과 세련된 자태는 오랜 시간 철저한 훈련을 통해 이루어진 바라 일반 귀족 가문의 여성이나 보통 집 여인들과 다른 것이 사실이다. 바로 이와 비슷한 점 때문에 우리나라 양반 고관들 가운데는 기녀를 면천시켜 소실로 들이는 사람도 있었을 터이다. 기녀는 관청의 예속물이므로 사유화하는 것이 불법이라는 이야기는 앞서 언급한 적이 있는데, 그렇더라도 인맥상, 인정상 여러 경로로 기녀를 소실로 들이는 경우가 꽤 있었던 듯하다.

노러 명창 기성 첩을 두고 갈가 다리고 갈가
모시적삼 속즈락에 쓰고 간들 두고 가랴
가다가 줄 풍류風流 만나거든 놀고나 갈가.

시조집 경대본慶大本, 『한국시조대사전』, 박을수 편

이 시조에는 노래 잘하고 맵시 고운 기녀와 헤어지기 아쉬워서, 어쩌면 조금이라도 더 같이 놀 길이 있을까 노심초사하는 마음이 나타나 있다.

이런 시조가 있는 것을 보면, 재예 기녀들은 우리나라에서도 인기가 있었던 듯하다. 하지만 기녀를 첩으로 들이는 일은 그 경제적 비용이 만만치 않았다. 이런 사설시조도 있다.

첩妾을 조타 ᄒ되 첩의 설폐說弊 드러보소
눈에 본 종계집은 기강紀綱이 문란紊亂ᄒ고, 노리개 여기첩女妓妾은 범백凡百이 여의如意ᄒ되 중문中門 안 외방外方 관기官妓 그 아니 어려우며, 양가녀良家女 복첩卜妾ᄒ면 그 중에 낫건마는 안마루 발막짝마른 신의 한 가지과 방 안의 쟝옷귀(장옷)의 귀퉁이가 사부가士夫家 모양이 저절노 글러가네
아무리 늙고 병病드러도 규모規模 딕히기는 정실正室인가 ᄒ노라.

박을수 편, 『한국시조대사전』

신헌조申獻朝라는 이가 지은 시조이다. 기녀를 첩으로 들이면 범백사를 뜻대로 척척 맞추겠지만, 중문 안에 들어 있는 지방 관아 소속 관기는 빼내기가 어렵다는 점이 흠이라고 말한다. 권력과 금력이 대단한 가문의 사람이 아니면 관기를 빼내서 개인의 첩으로 들이기는 어려웠음을 짐작하게 한다.

사실 한편으로 대다수의 양반들은 기녀를 첩으로 들이거나 수청들게 하는 것을 꺼리기도 했다. 관아의 기녀들은 관아의 비장이나 군교들과 내연관계에 있는 경우가 흔한데, 그런 기녀를 가까이하면

상하의 질서가 문란해져서 고을이 통솔되지 않거나 사사로운 유감을 사게 되기도 한 탓이다. 또한 기녀들이 이리저리 정을 둔 사람들을 알기 때문에 직접적으로 밀접한 관계가 되는 일을 채신머리없는 짓이라고 여겨 꺼리기도 했다. 대개 관기들이 누군가와 정을 맺게 되는 것은 초년 시절이었다.

「출사표」를 외우는 재기 혹은 여협

가련이도 몇 번 정을 둔 양반들이 있었다. 젊은 시절에는 성준成傏, 생몰년 미상이라는 양반의 총애를 받았고, 그다음에는 안찰사 권흠權歆, 1644~?을 섬겼지만, 그가 죽은 다음에는 개가하지 않기로 맹서하여 여러 해 동안 정절을 지켰다고 한다. 그런데 어느 해인가 강포한 자에게 겁탈당하여, 가련이는 살아 있으면서도 항상 수치심과 분노가 일어 여러 차례 죽으려 하기도 했다는 것이다. 그러나 죽지는 못했다고 이헌경에게 자신의 기구한 내력을 털어놓았다. 이헌경李獻慶, 1719~1791의『간옹집艮翁集』에는 가련에게 준 시가 몇 수 실려 있다.

그 가운데「함흥에서 비에 막혀 노기 가련과 만나 절구시 5수를 지어 주었다」라는 시에 가련의 인생에 대해 그렇게 짧은 기록을 남겨두었다.

가련에 대한 기록은 그러나 다른 기녀들에 비하면 비교적 풍부한 편이다. 강준흠姜浚欽, 1768~1833의 『삼명시화』에는 그의 면모를 조금 더 자세하게 소개하고 있다.

함흥 기생 가련可憐은 자字를 최애最愛라 하고, 타고나기를 총명하고 슬기로웠으며 재주도 출중했다. 고금의 역사를 논함에 있어서는 물이 흐르듯 그침이 없었으며, 민생의 문제와 국방에 대해서까지 밝아서 대를 쪼개듯 분명했고, 입에 비속한 말이나 문란한 일을 올리는 법이 없었다. 일찍이 안찰사 권흠을 위하여 수절을 하며 뜻을 고치지 않았다. 평소 「출사표」 외우기를 좋아하여, 매양 가을에 청명하고 달이 밝게 뜬 때를 당하면 낙민루에 올라가 긴 다리를 내려다보면서 한번 낭송을 하는데, 그 비장하고 격렬한 기운이 위로 하늘까지 뚫을 듯했다. 또한 「하청河淸」이란 노래 한 곡을 스스로 짓기도 했다. 영조가 회갑을 맞았을 때에 그녀는 나이가 팔십삼 세였는데 「제천락齊天樂」 한 편을 지어 성덕을 노래하였다.

문형을 지낸 관양冠陽 이광덕李匡德, 1690~1748이 북쪽 변방으로 귀양을 가서 걸음이 경성鏡城에 다다랐다. 절도사 · 통판通判 평사評事들이 그를 위해 모여 연회를 베풀었는데 가련을 그 자리에 초대했다. 가련이 당도하자 「출사표」를 낭송하도록 하여 "선제께서 신의 초려草廬에 세 번 찾아주셨다"는 대목에 이르렀을 때, 이관양은 목이 메어 눈물을 흘렸다.

그리고 곧 부채에다 절구 한 편을 써서 가련에게 주었다.

남관의 여협女俠은 이미 백발 되었는데
취해서 소리 높여 전후 「출사표」 읊는구나.
'삼고초려三顧草廬' 대목을 소려 높여 읽으니
쫓겨난 늙은 신하만 줄 눈물 흘리누나.

이에 가련은 "영감께선 군신 간의 만남에 무슨 감회가 있는 것 같구려"
라고 말하니, 이관양은 듣고 더욱 서글픈 표정을 지었다.

『삼명시화』, 민족문학사연구소 역

가련의 예술적 재능이 그토록 빼어났고 인간적 면모도 훌륭했지
만, 그녀 역시 기녀로서 신분과 힘에 눌리어 사는 비참함을 면하진
못했다. 그러자니 또한 그 자신이 원하던 배필을 만나지 못했다. 그
들은 마지막 신분 계층인 천민이므로 기녀로 사는 일이 얼핏 밖에
서 보는 것처럼 낭만적이거나 달콤하거나 팔자 편하거나 할 리가
없다.

대단히 지혜롭고 탁월한 재능이 있지 않으면 존재 자체가 파리
목숨이나 마찬가지인데, 그런 과정을 딛고 상황을 유리하게 만들어
가면서 살아낸 사람들이 바로 그들이었다. 기녀를 좋아하면서도 천
하게 여기는 이중적 태도는 소유욕 때문일까? 그런 욕구에 집착하

기녀들의 신분은 천민이었다. 양반들 곁에 있지만 결국은 천한 신분으로 멸시를 받았던 게 사실이다. 그러나 많은 기녀들이 양반이 지배하는 사회의 질곡에서 벗어나고 싶어했다. 천한 신분이면서도 결코 거기에 얽매이지 않으려는 그녀들의 기질은 아마도 어릴 때부터 길러진 예술적 재능에서 비롯된 것이 아닐까. 그녀들은 예술을 통해 하나의 오롯한 인격을 완성했다고 말하는 건 과장된 찬사일까.

지 않고 그들의 재예를 그야말로 사심 없이 감상하고 박수를 보낸 이들은 그런 이중적 태도를 보이진 않았던 것 같다.

늙어가면서도 해학을 잘하는 사람

가련이에게도 기쁜 일이 있었다. 일흔 살 넘은 이후에, 정승인 귀록歸鹿 조현명趙顯命, 1691~1752의 부름을 받고 나아가 고려의 옛 도읍에 가서 관광하고 박연폭포를 보고 돌아올 수 있었던 것이다. 또한 관료와 선비들이 자신에게 준 시를 다 장축粧軸하여 갈무리하는 즐거움도 있었다. 가련의 시첩은 어디에 전하는지 지금은 알 수 없지만, 그 당시 내로라하는 관료 문인들의 문집에는 가련에게 주었던 시가 수록되어 전한다. 바로 이현조李玄祚, 1654~1710의 『경연당집景淵堂集』, 조현명의 『귀록집歸鹿集』, 이종성李宗城, 1692~1759의 『오천집梧川集』, 이복원李福源, 1719~1792의 『쌍계유고雙溪遺稿』, 채제공의 『번암집』 등에 전하는 여러 편의 시이다. 이종성은 「함산 기녀 가련의 시첩에 나는 듯 빠르게 쓴다」라는 작품에서 가련의 면모를 이렇게 담아내고 있다.

젊은 날 소리의 빛남은 북쪽 변경 으뜸이요   少日聲華冠北邊

시첩에는 율시가 백 편 천 편이라   卷中詩律百千篇

비로소 알겠노라 명성 아래 허술한 선비 없음을   始知名下無虛士

늙어가며 해학을 잘하는 사람은 또한 가련이일세   垂老談諧更可憐

그러나 이런 즐거움 정도야 어찌 가련이 그토록 간절히 원하던 '만남'을 이루는 것에 비할 수 있을까. 가련은 83세, 84세가 되었을 때도 여전히 예인다운 면모가 사그라들지 않아서 감탄을 자아내곤 했다. 이헌경은 83세의 가련을 만난 뒤에 이렇게 기록했다.

"가련은 성품이 본래 총명하고 지혜로워 책에서 한번 보면 문득 외웠고, 사령辭令을 잘했으며, 응대에 민첩하고 여유로웠다. 밤이 깊어 나를 위해 제갈공명의 전·후 출사표와 이밀李密의 진정표陳情表, 『서경』 하서夏書편의 「오자지가五子之歌」, 『맹자』의 「곡속장觳觫章」을 불렀는데, 그 소리가 오열하여 원망하는 듯 하소연하는 듯, 사람으로 하여금 눈물을 떨구게 했다."

또한 다른 시에서 "총명한 정신으로 높고 낮은 악보를 착오 없이 외워, 다시금 양관곡陽關曲* 4현(비파)을 퉁기어주네"라고 읊었다.

영의정 채제공은 "가련은 나이 84세로 출사표를 부르고 옛사람

---

* 당나라 시인 왕유王維의 시에 붙인 이별곡.

의 시를 외우매 글자에 착오가 없다. 간간이 해학적인 이야기를 하는데 이치에 맞아 사람들로 하여금 깨우치고 반성하게 하였으며, 관료들에게 추천되고 여협으로 일컬어짐이 오래되었다"라고 설명하고서 이렇게 읊었다. "비장하게 출사표 한 곡조를 부르매, 팔순의 호기 전혀 줄어들지 않았구나"라고.

『청구야담』에는 가련의 무덤에 '관북명기 가련지묘' 라는 표석을 세워준 사람이 바로 암행어사 박문수라고 나오기도 한다. 가련에 대한 이런저런 이야기들, 가련과 주고받은 시들, 가련에게 지어준 일류 문인들의 시를 보면, 아마 우리나라에서 84세까지 현역으로 칭송받은 예인으로 역사상 전무후무한 존재가 바로 '가련'이가 아닐까 싶다.

가련이 만약 젊은 시절에 그토록 갈망하던 '맞수' 를 만났더라면 그녀는 예능의 신화적 존재가 되었을까? 아니면 한 여자로서의 일상적인 행복에 주저앉았을까? 그녀가 걸어온 예인의 행보 구비마다 자잘한 상상력이 함께 움직인다.

이들 조선조 예기들의 재능과 삶을 역사적 사실 속에서 실상을 균형 있게 보지 않고, '해어화' 니 '섹슈얼리티' 운운하면서 마치 조선조의 일부 양반처럼 희롱 섞인 시선으로 거론하는 것은 참 민망한 일이다. 그런 도서는 자본주의 사회의 성적 욕망 소비 분위기에 편승한 또다른 성 상품화 산업의 일종이 아닐까 싶다. 특수한 연애사건, 예외적인 스캔들 같은 것으로 역사를 이해할 수는 없다. 그런 사건은 인간의 보편성을 이해하게 만들기보다는 예외적 특수 사건에 속한다.

누군가를 홍밋거리로 다루어서 돈을 벌거나 관심을 끄는 것이 아니라, 제대로 이해할 수 있게 하는 것이 인문적 관점이 아닐까. 예기들을 성적 노리개처럼 보는 것에 대해서는 삼가달라고 하고 싶다. ✿

능히 만남을 이룬 이 몇이나 있으리

노래 잘하는 기녀 계섬이

"왕후장상에 어찌 종자가 따로 있겠는가?"라는 말이 있다. 이 말의 유래는 오래되었다. 사마천의 『사기史記』「진섭세가陳涉世家」에 나오는 것인데, 지배층에겐 등골이 서늘하겠지만 피지배층에 속한 사람에게는 상쾌한 희망을 품게 한다. 그렇다면 "기생 천첩에 어찌 종자가 따로 있겠는가"라는 말도 성립하지 않을까? 신분사회에서 풍파를 거치고 나면 누구나 한순간에 하층민으로 미끄러질 수 있기 때문이다.

우리나라의 이름난 기생 가운데 원래 천민으로 태어나지 않았음에도 기생이라는 천민 신분이 된 사람이 꽤 있다. 그 이유는 대개

'조실부모早失父母' 한 탓이다. 일찍 부모를 잃고 고아가 되는 이유 역시 다양하다. 아버지가 역적으로 몰려 죽고 관청의 종이 된 경우, 혹은 부모가 병사하거나 사고사한 경우도 있고, 자신이 어느 무뢰한에게 순결을 잃고 난 뒤 시집갈 곳이 없어 기녀가 된 경우 등 다양하다. 아무튼 그런 이유로 어린 나이에 고아가 되었기 때문에 몸을 의탁할 곳이 없어 관가에 여종으로 일하다가 가무를 배워 기녀가 된다. 김리양의 소실로 유명한 운초雲楚는 선비의 딸이었으나 기적에 올랐고, 제주 기생 만덕과 황해도 송화현 출신의 기생 계섬은 고을 아전의 딸이었으나 고아가 되는 바람에 기적에 올랐다.

사랑싸움으로 권력가 자제의 집을 나오다

심노숭沈魯崇, 1762~1837이 기록해둔 「계섬전桂纖傳」에 의하면 계섬은 "일곱 살에 아비가 죽고 열두 살에는 어미마저 죽어, 열여섯 살에 주인집에 구사丘史*로 예속되었는데 창唱을 배워 자못 이름이 났다"고 한다. 귀족 집 잔치마당이나 한량패들의 술판에 계섬이 없으면 수치로 여길 정도였다. 계섬이 유명해지자 시랑侍郎 원의손元義孫,

---

* 종친·공신·당상관 등에게 배당한 하인.

단아하게 앉아 있는 어린 기녀의 눈은 카메라를 정면으로 바라보고 있
지 않다. 기녀는 어디를 바라보고 있는가. 섣불리 입술을 뗄 것 같지 않
은 도톰한 입, 무게감을 느낄 수 없는 단아하게 앉은 품. 혹, 이 어린 기
녀는 몰락한 양반가의 규수가 아니었을까? 한없이 처연한 저 시선은 길
지 않은 인생의 어디쯤에 머물러 있는가.

1726~?이 그 명성을 듣고 데려와 집에 있게 한 지 10년이 되었다. 원
의손은 그의 부친이 이조판서를 지냈고, 형 원인손이 좌의정을 지
냈을 정도로 쟁쟁한 권력가문의 자제이다. 그런데 계섬은 원의손의
말 한마디에 의가 상해 문득 인사하고 떠나, 태사太史 이정보李鼎輔,
1693~1766의 집으로 옮겨갔다고 한다. 계섬이 이공의 집에 있을 때 원
시랑이 매번 문안을 드리러 와서는 공에게 계섬이 돌아오도록 권해
달라 부탁하고 여러 번 강권하였으나 계섬은 따르지 않았다. 과연
그럴 수 있을까? 천민인 일개 기녀가 마치 사랑싸움을 해서 토라지
듯이 권력자의 뜻을 어길 수 있을까 의아스럽지만, 거기에는 그 당
시 풍류 문화의 급수가 깔려 있음을 감안해야 한다.

고급한 풍류는 상대의 마음을 얻어 후하고 너그럽게 대하며, 그
보다 좀더 고급한 풍류는 주변 사람까지 모두 포함하여 함께 재미
있고 신나게 만들며, 최고급 풍류는 맑고 깨끗한 것을 귀하게 여긴
다. 사실 동서고금 어디서나 저급한 풍류만이 권력이나 돈으로 상
대를 꺾어 차지한다. 소유욕과 지배욕을 노골적으로 드러내 힘으로
다스리는 것, 인류사회 어디에서나 백안시하고, 육체적 욕망으로
가득 찬 여성편력에 대해서 우리는 '오입질'이라 하여 천하게 부르
고 비난해왔다.

너그럽고 넉넉한 조선시대의 풍류

김화진의 『오백년 기담일화』(1966, 대한교과서주식회사)에 전하는 연천 김리양金履陽, 1755~1845이 운초에게 보여준 면모는 거의 최고급 풍류라 할 만하다. 운초는 1831년 연천 김리양의 나이 77세 때 (1831) 스물 안팎 꽃다운 나이로 그의 소실이 되어 들어왔다.

운초가 성천에서 살다가 연천 김리양을 따라 한양에 올라와 있던 무렵이다. 어느 달 밝은 밤에 함께 시를 짓다가 말고 소변을 보러 나가더니 휘영청 밝은 달빛에 젊은 마음이 흔들려 그녀는 성천으로 가버렸다. 함께 시를 짓던 연천은 기다리고 있다가 운초가 한참을 지나도 돌아오지 않자, 술이 취해서 뒷간에 발을 헛디뎠나 혹은 세수하러 개울에 갔나 걱정하며 집안 종들에게 찾아보게 했다. 그런데 운초의 방에 들어가보니 벽에 무슨 글씨가 붙어 있는데, '객자청천유사시 주인백발난여사客子靑天流似矢 主人白髮亂如絲'라는 구절이었다. "나그네 인생, 푸르른 하늘에 세월은 쏜살같이 흐르는데, 주인의 백발은 어지럽기 실과 같네"라는 시구였다. 연천은 그것을 두세 번 되풀이해 읽더니, "운초는 봄을 따라 갔구나. 봄을 따라 간 너를 책망할 것이 아니라 내가 늙은 탓이지" 하며 한숨을 쉬었다. 그러고는 종을 시켜 "너는 정자로 가서 술상이나 다른 무엇이든지 그대로 두고 문을 잠그고 오너라" 하고, 그 뒤로 누구에게도 운초를 찾아보라든가 운초에 관한 얘기를 한다든가 하지 않았다 한다.

　운초는 달 밝은 가을밤에 노인 곁에 있는 자신을 한심하게 여기고 성천의 산천과 강선루에서 또래의 기녀들과 춤추고 노래하던 기억이 그리워 그곳으로 갔지만, 기생 어미는 이미 죽었고 마땅히 반겨줄 사람도 없었으며 딱히 의지할 곳이 없어 고생만 많이 했다. 그런 끝에 초췌한 몰골로 다시 돌아왔다. 죽어도 대감 손에 죽기가 소원이라고 빌며 제 발로 돌아온 것이다. 그런 운초에게 연천 김리양은 "네가 봄을 따라 가더니 가을을 좇아 왔느냐. 네 모양을 보니 고생이 자심하구나" 하고는 운초가 시를 지었던 그날의 정자로 데리고 올라갔다고 한다. 그 정자의 문을 여니 운초가 시를 짓던 그날 밤의 방 안 풍경이 고스란히 보존되어 있었고 다시 그날 밤 짓던 시구를 이어서 지을 수 있었다 한다. 이런 관대함은 대단히 격조 높은 풍류에 속한다. 남산의 녹천정綠泉亭이 바로 그 정자인데, 지금은 없어졌지만 일제 때 총독의 별장으로 쓰였던 곳이기도 하며, 그후 연합참모본부가 되었던 곳이기도 하다. 그곳은 풍광이 좋기로 유명한 곳이었다.

　자신이 사랑하는 상대만이 아니라 그와 관련된 주변 사람들에게도 너그럽고 넉넉하게 배려를 하는 경우 역시 격조 높은 풍류에 속한다. 상대방에 대한 배려도 물질적인 것만 앞세웠느냐, 심리적 정신적인 면까지 배려했느냐에 따라 그 품격이 나뉘는 듯하다. 연암의 「광문자전」에 광문이 탄식하며 옛날의 풍류객을 그리워하는 대목이 나온다.

옛날에 풍원군이 밤에 기린각에서 잔치를 벌인 후 유독 분단이만 잡아 두고서 함께 잔 적이 있었지. 새벽에 일어나 대궐에 들어갈 채비를 하는데, 분단이가 촛불을 잡다가 그만 잘못하여 초모貂帽(담비털 모자)를 태워버리는 바람에 어쩔 줄을 몰라 하였네. 풍원군이 웃으면서 '네가 부끄러운 모양이구나' 하고는 곧바로 압수전壓羞錢(부끄러움을 진정시키는 돈) 오천 냥을 주었었지. 나는 그때 분단이의 머릿수건과 덧치마를 들고 난간 밑에서 기다리며 시커멓게 도깨비처럼 서 있었네. 풍원군이 창문을 열고 가래침을 뱉다가 분단이의 귀에 대고 말하기를 '저 시커먼 것이 무엇이냐?' 하니, 분단이가 대답하기를 '천하 사람이 다 아는 광문입니다' 했지. 풍원군이 웃으며 '바로 네 하인이냐?' 하고는, 나를 불러들여 큰 술잔에 술을 한 잔 부어주었지.

광문이의 이런 회상은 풍원군의 풍류 수준을 느끼게 해준다. 누군가를 사랑하되 그 주변의 사람들, 나아가 아무 상관없는 사람들에게까지 모두 신나는 놀이에 동참하게 만드는 행위는 언제 어디서나 높이 평가된다. 누군가를 좋아하는 마음, 그 설레는 마음의 온기가 즐겁게 주변으로 확산되어감을 환영하지 않는 사회는 없을 것이다. 그것은 어디서나 매력적으로 사람의 마음을 끌어당기는 힘을 가지고 있다. '잘 논다'는 것이 바로 그런 뜻이다. '다 함께 즐겁게 노는 일'이 환영받지 못하는 인간사회는 아마 없을 것이다. 문화나 생활 풍속에 수준이 있을수록 그런 것이 중시되지 않는가? 신분사회에서 제일 하층에 속한 기녀 계섬이가, 원인손의 집에서 이정보의 집으로 옮겨가서 돌아가지 않는 식의 대담하고 독자적인 행보를 보일 수 있었던 것은, 그런 풍류의식과 맞물려서 가능했다 해도 과언이 아니다.

하지만 역시 최고의 경지는 맑은 즐거움을 추구하는 것이다. 농암과 퇴계, 연암, 다산처럼 외적인 현상이나 다른 사람으로부터 즐거움을 찾아내지 않더라도 이미 자기 내면에서 충분히 고여나오는 즐거움을 누릴 수 있는 것이 그런 경지에 해당하리라. 총명하여 잘 노는 아이일수록 장난감에 싫증을 덜 내는 법이다. 하나의 장난감을 가지고 오랜 시간 기발하고 새로운 방법을 찾아가며 놀 수 있으니 말이다. 그보다 더 잘 노는 아이들은 장난감을 굳이 필요로 하지 않는다. 이미 자기 마음속에 즐거운 생각, 하고 싶은 일들, 새로운 계획이 가득해서 그런 것만 생각해도 지루하지 않다. 또한 친구들과 놀 때도 별다른 매개체가 없는데, 여러 가지 규칙을 만들어가면서 많이 웃고 즐길 만한 방법을 잘 찾아내곤 한다. 반드시 자극적인 매개체가 있어야 하고, 돈이 많이 있어야 하고, 남들에게 괴롭게 일을 시켜야 하고, 욕망과 소유의 관계를 만들고, 싸움이 일어나는 식의 놀이들과는 감히 비교 대상으로 놓을 수도 없는 수준이다. 외적인 아무런 매개가 없어도 이미 스스로 내면에서 맑은 즐거움이 고여

나오는 그런 경지를 제외한다면, 예술 공연 감상이 깔끔하게 매개되는 경우가 역시 최고급에 들지 않을까 싶다.

마음은 입을 잊고, 입은 소리를 잊다

계섬이 옮겨간 태사 이정보의 풍류가 그런 경우라고 생각된다. 그는 80여 수에 가까운 사설시조의 작자로 유명하지만, 사실 그에 앞서 음악적 취향이 더 굳건한 생활 기반을 이루고 있었던 인물이기도 하다. 그는 노년에 관직을 그만두고 음악과 기생을 가까이하며 지냈다. 음악을 깊이 이해하였으므로 남녀 명창들이 그의 문하에서 많이 배출되었다고 하는데, 그 가운데 특히 계섬을 가장 사랑하여 늘 곁에 두고 그녀의 재능을 기특히 여겼다고 한다. 그러나 계섬을 사사롭게 좋아하지는 않았다. 진정한 예술 후원자의 모습을 지닌 풍류객이었던 것이다. 그런 까닭에 계섬은 이공 곁에서 악보를 따라 교습하여 수년의 과정을 거치며 놀라운 변화를 이루었다.

계섬의 노래는 더욱 향상되어 노래를 할 때 마음은 입을 잊고, 입은 소리를 잊었으며 소리는 하늘하늘하게 지붕과 들보에 감도는 경지에 이르렀다. 그러자 전국에 이름을 떨쳐 지방의 노래 기녀들이 서울에 와 노래를 배울 때 다 계섬에게 몰려들었으며, 학사 대부들이 노래와 시를 지어 계섬을 일컬었다고 한다. 결국 한 사람의 첩이 될 뻔했던 계섬이 진정한 예인으로 존재를 확립하게 된 것이다.

1766년 5월 이공이 세상을 뜨자 계섬은 아버지를 잃은 듯 통곡하였다 한다. 8월에는 궁궐에 내연內宴이 있어, 국局을 설치하고 여러 기생이 날마다 국에 모여 연습을 해야 했는데, 그럼에도 불구하고 계섬은 아침저녁으로 이공의 무덤을 왕래하며 공의 빈소에 상식喪食을 맡아보았다. 그 거리가 멀었기 때문에 담당 관리들이 계섬의 정성을 갸륵히 여겨 말을 빌려주기도 하였으며, 또 계섬이 곡을 하다 목소리를 잃을까 걱정하기도 했다. 이에 계섬은 곡성은 내지 않은 채 울었다고 한다.

계섬의 이름은 1795년 『원행을묘정리의궤』에도 보이는 것으로 미루어, 30여 년 전인 이 무렵은 아직 매우 젊었던 시절이라고 할 수 있다. 이공의 장례를 마친 뒤에도 음식을 마련해 공의 무덤에 달려가 제를 올리고, 종일토록 술 한 잔에 노래 한 곡과 통곡 한 번을 하고 돌아오곤 했기에 이공의 자제들이 그것을 듣고는 무덤 지키는 노비를 책망했다. 계섬이 그 소리를 듣고서는 크게 한하고 다시는 이공의 무덤에 가지 않았다고 한다. 지나친 감사와 보은이 도리어 부담을 주고 폐를 끼치게 돼버리는 경우도 살다보면 간혹 있지 않은가. 자손들로서는 어떤 의미로는 특이한 사실로 세상 사람 입에 부친이 거론되는 것이 부담스러웠을 터, 계섬도 그 점을 느꼈을 것이다.

뒷모습을 보일 수밖에 없었던 것은 통곡을 감추기 위함이리라. 천한 존재인데, 천하게 취급받지 않았기에 기녀의 노래는 지붕과 들보에 감도는 경지에 이를 수 있었다. 몸을 나누지 않았지만 오히려 그 때문에 기녀는 상대를 잊을 수 없었다. 떠나간 그의 무덤가에 술 한잔 놓고 통곡하면 잊을 수 있으련만, 그마저 폐가 될지 몰라 멀찍이서 슬픔을 짜낼 수밖에 없었다.

1779년 가을, 홍국영洪國榮, 1748~1780이 막 권세를 놓고 집에 있을 때 구사를 하사받았는데 계섬이 거기에 포함되었다고 한다. 조첩曹牒(나라에서 내린 공문서)으로 계섬을 오라고 재촉하므로 계섬은 부득이 가지 않을 수 없었던 듯싶다. 홍국영을 따라 잔치에 노니는데 경대부들이 자리를 가득 메우고 앉아 있다가, 계섬이 한 곡을 하면 다투어 금백金帛을 내렸지만, 계섬은 후일에 그 일을 회상하며 비웃었다. 저급하고 몰풍치한 경우라 여겼던 것이다. 계섬은 그때를 떠올리면서 "그자들이 어찌 나의 재주를 아끼고 소리를 감상해서 그랬겠는가? 자리 주인에게 아첨한 것이다. 세상일이 모두 한바탕 꿈과 같은데, 국영 당시의 일은 진짜 한번 웃을 만하였으니 꿈에도 손뼉을 치며 깔깔 웃기를 그치지 못하겠다"라고 했다. 신분이 낮다 하여 인간됨도 낮고, 신분이 높다 하여 인간됨도 높은 것이 아니므로 그럴 수 있을 것이다.

사회생활을 할 때 처음에 서로 모르는 사이에서는 학력이니 전공, 자격증, 지위, 신분, 재산 정도 같은 외적인 요소들이 중요하게 여겨지지만, 서로 알고 친하게 되면 그다음은 모든 것이 '사람 값, 즉 인간 됨됨이'로 결정되지 않던가. 그러니 '허수아비 사장' '꼭두각시 장관' '성자가 된 청소부' 같은 말들이 생겨났을 터이다. 당장 눈앞에서는 직급과 직위가 있으니 세력에 따르게 되겠지만 사람이 우스워 보이는 것은 막기 힘들 터이다. 앞서 언급했던 모로 미야가 쓴『에도 일본』에도 이런 설명이 있었다.

조선시대 기녀들은 사대부 남성들을 상대했기에 그에 따른 기본적인 교양을 갖추고 있어
야 했다. 시문은 물론이고 글씨, 그림, 춤, 노래에 두루 능해야 하고 가야금, 거문고, 양금과
같은 선비들이 좋아하는 악기도 잘 다룰 수 있어야 했다. 이런 기본적인 자질을 갖추기 위
해 기녀들은 정기적으로 교방에 가 배우고, 틈틈이 연습을 게을리 하지 않았다.

요시와라(유곽)에서는 권력도 무용지물이었던 것 같다. 유죠遊女, 유곽의 기녀들이 중요하게 생각한 조건은 '기백' 과 이키(순수함) , 그리고 '돈' 이었다. 돈을 가장 마지막으로 열거한 것은 물론 돈이 없으면 요시와라에서 즐길 수 없었지만, 돈이 있다고 해서 만사형통은 아니었기 때문이다. 이것이 요시와라의 매력 가운데 하나이기도 하다. 소위 '이키' ('스이')란 인정 많고, 세상일에 밝으며, 생각이 트이고, 풍류를 즐길 줄 아는 것을 의미한다. '이키' 의 경지에 다다르는 것은 하루아침에 이루기는 어렵고, 부단한 노력으로 차근차근 내공을 쌓아야 한다.

결국 돈을 쓰면서 논다 해도 어떻게 노는가가 중요한 문제다. 말초적으로 잡되게, 서로를 괴롭히고 파괴하면서가 아니라 인정스럽고 재미있고 누구나 부러워하는 마음이 들게 노는 것이 중요하다. 일본에서도 요시와라 유죠들 중에는 가난한 농가 출신만 있지 않았고 교토 귀족 가문의 여식이나 바쿠후幕府의 심기를 거슬러 가산을 몰수당한 다이묘大命 집안의 딸들도 있었다. 이들은 대부분 너댓 살 때부터 유곽에서 여러 가지 교육을 받아 시와 글, 악기 연주, 그림, 노래와 춤, 다도 등이 기본 교양이었으며, 잠자리 기교도 교육받고, 피부와 몸맵시 관리에 온갖 노력을 다 기울이며 행동거지와 말투, 사람 응대법, 방을 들고 나는 법, 온갖 표정, 눈매 등등이 철저히 관리되었다고 한다. 우리나라의 교방 기녀들의 경우도 크게 다르지 않았을 것으로 짐작되지만, 다만 한 가지, 피부 관리나 잠자리 기교

같은 것을 교육받았을 듯하진 않다. 자료도 없거니와, 우리나라 유교문화의 발상에 '본능에 대한 자발적 통제'가 인격의 중요한 요소로 생각되던 것이 기본이므로 그런 교육을 했을 법하진 않다.

어쨌든 고급한 풍류문화에 이미 익숙해진 계섬의 눈에, 권력만으로 행세하고자 하는 벼슬아치들이 우습게 보였을 것은 당연하다. 그해 12월 홍국영이 권세를 잃고 쫓겨나자, 계섬은 기적에서 면제되었다. 그 이후 계섬은 서울의 부상富商 한상찬韓尙贊에게 시집을 갔다. 한상찬은 엄청난 재물을 내어 계섬의 뜻대로 쓸 수 있게 공급해 주었지만, 계섬은 즐거워하지 않더니 끝내 그 곁을 떠났다. 물질적 충족감이라는 요소가 극단적인 절대 빈곤에 속한 경우가 아닐 때는 그다지 절박한 것이 되지 못하니 그랬을 터이다. 그러니 이미 정신적으로 고급한 수준의 문화를 누리는 데 익숙한 계섬이가 단순히 재물을 맘대로 쓸 수 있다는 사실 하나에만 의지해 부상의 소실로 생을 마치기는 허무했으리라.

기적에서 면제되자 여래에 귀의하다

계섬은 나이 40여 세가 되자, 관동에 좋은 산수가 많다는 얘기를 듣고 비녀와 가락지, 옷 등을 팔아 밭을 사서는 정선군 산중에 집을 지어 떠나려 했다. 그러자 예전에 함께 노닐던 서울의 자제들이 대부분 만류하고 나섰다. 계섬은 술자리를 마련해 즐거이 환담하며 "여러분이 나의 떠남을 만류하려는 뜻이 매우 대단하지만 다만 여러분도 생각해보셔요. 내가 지금 아직 늙지 않았으니 여러분이 어여삐 여겨주지만 늙어서 장차 죽을 때면 여러분일지라도 반드시 나를 저버릴 것이니 그때 가서 비록 한하더라도 돌이킬 수 없어요. 그러니 내가 지금 늙지 않았을 때 여러분을 버려 내가 늙어서 여러분이 나를 버리지 못하게 하려는 것입니다"라고 했다 한다. 그리고 그날로 한 필의 말을 타고 산에 들어가, 짧은 베치마를 걷어올리고 짚신을 신고 손에 조그만 광주리를 들고서 나물과 버섯을 따러 산꼭대기와 물가를 왕래하고, 밤낮 불경을 외우며 조용히 살았다는 것이다.

그러고 나서 얼마쯤 지난 후인 듯하다. 역시 고상한 풍류로 유명했던 심용이 계섬이 부르는 노래를 듣기 좋아하였으므로, 계섬은 심용의 집이 있는 경기도 파주 부근 시곡촌으로 옮겨와 살았다고 한다. 「계섬전」을 쓴 심노숭은 심용과 본관도 같고 인척관계에 있었는데, 파주에 이웃해 산 까닭에 자주 왕래했다고 한다. 또 멀지않은 거리에 그녀의 집이 있었으므로 심노숭은 계섬의 집에도 가본 적이 있다.

계섬의 집은 심용의 집 뒤 산속에 있었는데, 나무를 엮어 울을 삼고 바위를 쪼개어 섬돌을 삼고 오륙 칸 되는 초가에 창문과 기둥과

방이 있었으며, 난간이 빙 둘렸고 병풍·안석·술동이·그릇을 늘어놓은 모양새가 화사하고 깔끔하여 볼만했다는 것이다. 집 앞엔 조그만 밭을 만들어 채소를 심었으며 마을 안에 논 몇 마지기를 고용 부쳐 자급하면서 마늘과 고기를 끊고 날마다 방 안에서 불경을 외우니, 마을 이웃들이 보살이라 일컬었고 스스로도 보살로 처신하며 살아갔다고 한다.

계섬은 62세 되던 1797년에 심노숭에게 자신의 속내를 이렇게 털어놓았다.

내 어려서부터 나라에 이름이 알려져 더불어 노닌 이들이 다 한 시대의 현인과 호걸들이었습니다. 저들의 호화스런 저택과 결 고운 비단에 내 마음을 맞추려 했지만 힘쓰면 힘쓸수록 내 마음은 더욱 맞지 않았고 한 번 떠나면 모두 행인일 뿐이었습니다. 이정보 대감이 일찍이 '지금 세상에는 대장부가 없으니 너는 끝내 진정한 만남을 이루지 못하고 죽을 것이다'라고 하셨습니다. 이 말씀은 그 재주와 현명함이 나만한 이가 없음을 이른 것이 아니라 만남의 어려움을 이른 것입니다. 그때는 저 또한 이대감 말씀이 꼭 그럴 것이라고 여기지 않았습니다만, 지금에 와서 보니 그렇지 않은 게 없으니 이대감께서 참으로 신기하게 맞춘 것입니다. 비록 그러하나 제가 무슨 말을 할 수 있겠습니까? 천고의 역사를 살펴보건대 능히 만남을 이룬 이가 몇이나 됩니까? 내 비록 만남을 이루지 못하였지만 떠나와서 오히려 자적할 수는 있었습니다. 저 만남을

보통 기녀들은 15세에서 50세 정도까지 활동한다. 기적에서 면제된 기녀들은 시집을 가거나 산중으로 흘러들어가거나 했다. 계섬도 마흔이 되어, 정선으로 파주로 옮겨 살면서 밭을 일구고 불경을 외우며 유유자적한 삶을 살았다. 사진 속의 노기들도 그러한 것이 아닐까? 마음이 맞는 이들끼리 한적한 마을로 흘러들어와 한가로운 한때를 즐기고 있는 것은 아닐지…….

이루지도 못하고 떠나지도 못해 끝내 상대편으로부터 버림까지 받은 자는 어떤 심정이겠습니까? 듣건대 불교에 삼생육도三生六塗*의 설이 있으니 제가 계율을 지켜 수행하면 내세에는 만남을 이룰 수 있을 것입니다. 그렇지 못하더라도 여래에 귀의한 것으로 족합니다.

계섬은 말투가 강개해지면서 거의 눈물을 떨굴 것 같았다고 한다. 그는 자식이 없었으므로 밭을 사서 조카에게 맡겨 자기 부모의 제사를 지내게 하고, 자신은 죽으면 화장시켜달라고 했다 한다.

『청구야담』의 「유패영 풍류성사遊浿營風流盛事」에는 예인들에게 최고 시절이란 어떤 것인지 짐작케 하는 한 대목이 있다. 심용이 죽자 이세춘을 비롯한 일군의 예인들이 시곡촌에 모여 그를 장사 지내고 한바탕의 노래와 거문고로 마지막 무덤 앞에 통곡하고 각기 자기들 집으로 흩어져 돌아갔다고 한다. 그런데 "계섬만은 홀로 무덤을 지키며 떠나지 않고 쓸쓸한 머리카락과 애수에 젖은 눈동자로, 사람을 향하여 심공의 이야기를 들려주곤 하였다"라고 기록되어 있다. 아마도 계섬에게 인생 최고의 시절은 이정보나 심용 같은 진정한 예술 후원자가 있었던 그때가 아니었을까?

계섬이 지었다고 하는 시조가 『악학습령』과 『청구영언』 연민본에

---

* 삼생三生은 전생·현생·후생을 의미하며, 육도六道는 육계六界라고도 한다. 중생이 선·악의 원인에 의하여 윤회하는 여섯 가지의 세계. '지옥도·아귀도·축생도'의 삼악도와 '아수라도·인간도·천상도'의 삼계를 통틀어 일컫는다.

한 수 전해지는데, 늙음을 탄식하는 내용이다. 계섬을 상상하면서
읽어본다.

청춘은 언제 가고 백발은 언제 온고

오고 가는 길을 아돗던들 맛을 낫다 막을 수 있겠는가

알고도 못 막을 길히니 그를 슬허하노라. ✿

성천 교방 능파선자의 취향

음식·차·바둑·골패의 달인, 일지홍

기녀 가운데 일지一枝, 혹은 일지홍이라는 이름을 사용한 이는 문헌에서 세 사람이 확인된다. 조선전기 최숙정崔淑精, 1433~1480의 『소요재집逍遙齋集』에 실린 시와 서거정徐居正의 『동인시화東人詩話』에 등장하는 기녀 일지홍, 그리고 조선중기 신정申晸, 1628~1687의 『분애유고汾厓遺稿』에 실린 시에 나오는 문천文川 기녀 일지一枝, 마지막으로 조선후기의 성천 기녀 일지홍이다. 이능화의 『조선해어화사』에 의하면, 기녀들이 이름만 사용하고 성을 쓰지 않는 것은 동성을 서로 피해야 하기 때문으로 성이 자신들의 역할을 수행하는 데 장애가 되는 까닭이라고 한다. 그리하여 '아무개의 기녀 일지홍'이라고 불렀는데, 그럴 때 아무개는 지방 고을의 기녀인 경우 기생 어미의 이름이 들어가고, 한양 기생의 경우는 기부妓夫의 이름이 들어갔다 한다. 기부란 집에서 그들을 돌보고 의식주를 제공해주는 사람을 가리키는데, 이 경우에 기녀들은 관가에서 맡은 바 직분을 다하고 연회나 모임에서 재예를 팔지만 매춘을 하지는 않았다고 한다. 아무튼 기녀가 지방에서 한양으로 뽑혀 올라와 궁중 연회에 참석하고는 그대로 한양에 머물게 되는 경우 이름을 부르는 데 혼란이 생기므로, 나중에는 원래 그 기녀가 소속돼 있던 고을을 붙여서 '어느 고을 기녀 일지홍'이라고 불렀다. 위 세 사람의 일지홍 가운데 조선후기의 일지홍에 대해 살펴보려고 한다.

요리에서 바둑까지 통달하지 않은 것이 없다

일지홍은 18세기 말에서 19세기 전기에 성천 교방에 있었던 기녀다. 이우준李遇駿, 1801~1867의 『몽유야담夢遊野談』에 실린, 판서 강시영姜時永, 1788~?과 일지홍의 인연에 대한 일화 하나가 그녀의 주된 활동 시기를 추측하게 해준다. 1848년 이우준은 서장관으로 임명되어 판서 강시영을 상사로 모시고 10월 22일에 한양을 출발하여 연경으로 사행을 떠났다. 그리고 이듬해 3월 27일에 다시 한양으로 돌아왔는데, 그 길에 강판서에게 연로한데도 만 리 여행길에 지치지 않고 건강히 다녀오신 것을 치하드리면서 '왜 기녀에게는 냉담하시냐'고 여쭤보았다. 강판서는 젊은 시절 풍류를 회상하면서, 자신이 19년 전인 1829년에 서장관이 되어 중국으로 사신 갈 때 성천 기녀 일지홍과 안주 기녀 녹류에게 정을 주었던 일과 그 시절에 지은 시를 추억하였다. 그 이후 19년이 지나 사행길 중 용만에 이르렀을 때 일지홍과 녹류가 찾아와 인사를 하기에 보니, 둘 다 늙어서 노파가 되었고 자신도 이제 늙어서 기녀에게 정을 줄 기력이 없다는 이야기를 하고 있다. 이 일화는 일지홍의 활동 시기를 비교적 정확하게 추측하게 해준다. 일지홍의 활동 연대를 윤곽이나마 뚜렷하게 해두려는 것은 그이의 면모에 매우 독특한 점이 있는 까닭이다. 한재락이 지은 『녹파잡기』에는 일지홍의 개성을 이렇게 캐리커처 해두었다.

일지홍은 눈동자가 샛별처럼 반짝이고 눈썹이 봄날의 산처럼 산뜻하다. 성품이 굳세고 곧아 속되지 않고 다른 사람들보다 훨씬 총명하다. 『식보食譜』와 『다경茶經』에서 바둑, 골패에 이르기까지 통달하지 않은 것이 없다. 언젠가 이렇게 탄식하였다. '제가 기생이 된 것은 운명입니다만, 천성이 뜻을 꺾거나 남에게 굽히질 못합니다. 기생들 속에 묻혀 있으면서도 다른 이가 문에 기대어 웃음을 파는 꼴을 보면 저도 모르게 마음이 싸늘해지고 꺼리는 기색이 얼굴에 드러납니다. 제 마음에 맞지 않으면 금을 광주리에 담고 구슬을 말로 퍼가지고 매일 찾아온대도 어

조선시대 기생의 교양 수준이 매우 높았던 것은 그 접객 대상이 매우 광범위했기 때문이다. 위로는 국왕과 왕족에서부터 정부의 관리, 학자, 선비를, 그리고 조선후기에 접어들어서는 일반 민간인까지 그 접객 대상이 다양해졌다. 그렇다보니 예와 악은 기본이고 시문과 서화에도 능해야 했다. 특히 당시 선비들 사이에 유행하던 취미는 바로 기생사회에서도 유행하곤 했다.

떻게 제 뜻을 꺾을 수 있겠어요?

이가원 · 허경진 역

기녀이긴 하지만 속기가 없고 뜻이 굳세다는 것, 그리고 총명하여 두루 밝지 않은 것이 없다는 얘기다. 『식보』는 중국 당나라 때 위거원韋巨源이 지은 책으로, 그가 상서령尙書令에 제수되자 축하 음식인 소미燒尾를 올려 그 집안사람들을 먹였는데, 음식 장부에서 기이한 음식만을 골라 기록해두었다. 요샛말로 하면 이색 요리책인 셈이다. 또한 『다경』은 당나라 육우陸羽가 지은 책으로, 차에 관한 전반적인 사항을 망라해 기록하고 있다. 일지홍이 이런 전문적 취미에 관한 지식에 밝았다는 사실은 매우 흥미롭다. 18세기 중후반 무렵에는 한양을 중심으로 선비들 사이에서 담배 · 차 · 꽃 · 새 · 바둑 · 골동 · 서화 등등 취미에 관한 전문적 기호와 지식을 추구하는 새로운 문화가 형성되었는데, 총명한 일지홍이 그런 첨단 문화의 분위기를 호흡하며 동행하고 있었음을 짐작케 하기 때문이다. 더구나 그런 취미나 취향에 있어 최고의 경지는 인위적인 느낌이 나지 않는 자연스러운 경지를 보이는 것인데, 스스로 자신을 소개하는 말에서도 그 경지와 상통하게 자기 성격을 설명하고 있다는 점이 더욱 주목을 끈다. 일지홍과 관련하여 시나 문을 남긴 문사들을 보면 일지홍의 이런 마니아적인 면모를 강화하는 데 영향을 준 사람들을 알 수 있을 듯하다.

"『당시품휘』는 재치와 사고력이 없어 볼 것이 없다"

이덕무의 시 비평집 『청비록』 「일지홍一枝紅」이라는 조항에서는 일지홍의 시 짓는 솜씨를 다음과 같이 기록하고 있다.

성천부成川府의 관기 일지홍은 시에 능하여 붓대를 잡고 턱을 괴고 있다가 금방 지었으며, 『당시품휘唐詩品彙』는 재치와 사고력이 없어서 볼 것이 없다고 하였다. 어사御史 심염조沈念祖, 1734~1783가 순찰하다가 성천에 이르러, 일지홍의 시를 보고 나서 종담鍾譚의 시를 읽도록 권하고 돌아갈 적에 시를 지어 주기를

고당高唐의 신비한 경치, 성당의 시로다	高唐神境盛唐詩
선관仙館의 이름난 꽃 중에 일지 곱구나.	仙館名花艷一枝
조운朝雲은 한림학사 만났다 말하지 말게	莫道朝雲逢內翰
노부는 재주 없어 기약을 감당치 못한다네.	老夫才薄不堪期

라고 하였다. 성천에 십이무봉十二巫峯과 강선루降仙樓가 있었으므로 고당高唐과 선관仙館과 조운 등의 일을 인용하였다. 고당은 초나라 양왕襄王이 낮잠이 들어 무산선녀와 운우지정을 나누었다는 곳이다. 일지홍의 증별시는

| 서울 소식 누구에게 물어보랴 | 洛陽消息憑誰問 |
| 주렴에 밝은 달 비칠 때 둘이 서로 생각하리. | 明月當簾兩地思 |

민족문화추진회 역

라고 하였다. 심염조가 관서 암행어사로서 평안도 일대를 순시하고 정조 임금께 보고한 것이 1777년 10월 무렵이니, 그즈음에 성천에 들렀다가 일지홍을 만나서 창수한 시이다. 그런데 이때 일지홍은 "『당시품휘』는 재치와 사고력이 없어서 볼 것이 없다"는 말을 했고, 심염조는 종담의 시를 공부하라는 것이었다. 이 대목이 매우 특별한 의미가 있다.

『당시품휘』는 중국 명나라 때 고병高棅이 편집했는데, 90권에 습유拾遺 10권이며 모두 620가家의 시작품 5769수가 수록되어 있는 것으로, 우리나라 선비들의 한시 학습에 필수 교재처럼 애독되었던 책이다. 시는 당나라 때 것을 가장 모범으로 여기고 공부해왔는데, 일지홍은 그것이 볼 것이 없다고 했다. 이 말은 그녀가 시에 매우 탁월한 재주가 있어서 자신감에 넘친다고 해석할 수도 있겠지만, 그보다는 그녀가 시를 보는 기준, 즉 시를 보는 취향이 다르다고 해석할 수도 있다. 아마 심염조는 후자 쪽으로 듣고서 종담의 시를 보라고 권해주었던 것 같다.

종담이란 종성鍾惺, 1574~1624과 담원춘譚元春, 1586~1631을 함께 일컫

는 말이다. 이들은 명말청초의 문인들로 서위徐渭·원굉도와 함께 우리나라 문인들의 문체 변화에 일정한 영향을 끼쳤다. 정조 임금은 1791, 1792년 무렵 이들 명·청 시대 문인들로부터 영향받은 사람들의 문체를 바르게 고치기 위하여 연암 박지원을 비롯한 당시 쟁쟁한 문사들을 문책하였는데, 이것이 바로 그 유명한 문체반정이다. 즉 서위·원굉도·종성·담원춘의 문체에 대하여 정조는 매우 배척적인 인식을 지니고 있었다. 그 이유는 그들의 글은 가볍고 감각적이어서 참으로 태평성대의 소리가 아니라는 것이었다. 그렇기에 그들의 글을 흉내 내는 사람들의 폐단을 지적하고 통탄을 금할 수 없다고 했다.

그뿐 아니라 정조는 "근일에 눈에 띄는 모든 관아의 문서는 대개가 부화하고 가볍고 경솔한데 그중에서도 각리閣吏(규장각 서리)의 글이 특히 심하여 이를 보면 어느새 이맛살을 찌푸리게 된다" 하고 각신(규장각 초계문신)들에게 순정醇正한 글을 쓰도록 당부하여 말한 바 있다. 정조는 문체를 바르게 돌이키라는 뜻에서 문체반정을 엄히 명하기 오래전부터, 일군의 문사들이 명·청의 작가들 글 중에서 기이하고 궁벽진 것을 도습하여 선진先秦·양한兩漢을 배웠네, 당송唐宋을 배웠네 하지만 모두 실제와 다르니, 소품小品의 화려한 글이 날마다 온갖 종이에 전해지는 것을 깊이 미워하고 가슴 아프게 생각하고 있었기도 하다.

그런데 심염조가 일지홍에게 시의 새로운 스타일을 공부하라고 권한 책이 바로 종성·담원춘의 시집이었다. 심염조라는 이는 규장 각 직제학을 지냈을 뿐 아니라, 새로운 학문 정보에 대단히 밝았다. 게다가 관서 암행어사로 다녀온 그다음 해에 번암 채제공이 정조 2 년(1778) 청나라에 사은사 겸 진주사陳奏使로 다녀올 때 명문장가로 선발되어 서장관으로 수행하기도 했었다. 그때 종사관으로 청장관 이덕무와 박제가도 수행해 갔었고, 박제가는 다녀와서 그 유명한 『북학의北學議』를 남겼다. 이들은 모두 위의 명말청초 문사들로부터 문체에 일정한 영향을 받았다고 할 수 있는데, 심염조가 일지홍에 게 권한 책은 바로 그 당시에는 갓 수입되기 시작한 최첨단의 지식 문화에 해당하는 것이었다.

일지홍에게 창수를 청한 신광수

그때 당시 첨단의 지식문화에 대해 듣고, 그것을 익혀 자기 기질 에 맞게 소화하여 개성으로 확립했다면, 그다음에 일지홍과 시로써 정을 두었을 사람들의 유형을 짐작해볼 수 있다. 이는 시로 대단한 명성을 날린 인물이거나, 역시 일지홍과 같은 시적 취향 혹은 취미 를 가진 인물들일 것이다. 그런데 일지홍에게 시를 남겨 호감을 표 한 이들은 18세기에 시로 명성을 떨친 석북 신광수, 시문으로 진眞

을 추구하는 일에 관심이 깊었던 초원 이충익李忠翊, 1744~1816, 그리고 1795년에 평양감사를 지낸 해석海石 김재찬金載瓚, 1746~1827이다. 기녀들에 대해 단순히 성적 매력이나 가무 재능에 대한 것만이 아니라 총명함, 즉 지적 영역에 대해 이런 분위기가 확인되니 대단히 흥미로운 현상이다.

석북 신광수가 일지홍에게 준 시는 2편이다. 하나는 「성천 기녀 일지홍에게 부침」이라는 3수의 연작시이고, 다른 하나는 그의 장편 연작시 「관서악부關西樂府」 108수 가운데 43번째 수다. 이 「관서악부」는 1774년 석북과 친했던 채제공이 평양감사로 부임하자 이를 축하하기 위해 지어준 것이다. 이 무렵 석북은 영월부사로 있었다.

먼저 「성천 기녀 일지홍에게 부침」을 보기로 한다.

패옥 소리, 어느 해에 초궁을 작별했던가   環珮何年別楚宮
후신의 이름은 일지홍이로다.   후身名是一枝紅
서생은 양왕의 꿈을 꾸지 못하니   書生不作襄王夢
다만 지나는 구름이 시야에 들어오기를.   只有行雲入望中

기녀 이야기에는 반드시 초나라 궁전, 양왕, 무산선녀의 고사가 등장한다. 송옥宋玉의 「고당부高唐賦」 서序에 "초 양왕楚襄王이 운몽대雲夢臺에서 놀다가 고당의 묘에 운기雲氣의 변화가 무궁함을 바라보고 송옥에게 '저것이 무슨 기운이냐?'고 묻자 '이른바 조운朝雲입니다. 옛날 선왕이 고당에 유람 왔다가 피곤하여 낮잠을 자는데, 꿈에 한 여인이 '저는 무산巫山에 있는 계집으로, 침석을 받들기 원합니다'라고 하였습니다. 드디어 깊은 정을 나누고 떠날 적에 '저는 무산 남쪽에 사는데 아침에는 구름이 되고 저녁에는 비가 되어 늘 양대陽臺 아래 있습니다' 하였다"라고 쓴 이후로 그 글을 읽은 사람들은 늘 이 고사를 애용하였다. 아침 구름 저녁 비는 무산선녀의 변신물이고, 운우의 정이란 남녀 간의 사랑, 즉 잠자리를 함께하는 것을 의미한다. 양왕의 꿈도 역시 무산선녀를 그리워하는 꿈이다. 석북의 시 첫째 수는 일지홍이 무산선녀의 후신이라고 추켜세우면서 자신은 양왕의 꿈을 꿀 수 없는 일개 서생이니, 일지홍이 자신을 알아보고 찾아주기를 바라는 마음을 담고 있다. 둘째 수는 이렇다.

무산 협에 절묘한 시 전해오지만	巫峽流傳絶妙辭
신녀 예전부터 시에 능하다 듣지 못했네.	未聞神女昔能詩
강선루 옛 나그네 지금 백발인데	仙樓舊客今頭白
어찌 내가 왔을 때 꽃을 피우지 않는가.	何不花開我到時

무산선녀가 시에 능했다는 애긴 듣지 못했지만 그 후신인 일지홍은 그런 평판이 파다하니, 나와 함께 시 짓는 즐거움을 활짝 꽃피워주길 기대하는 내용이다.

능파선자 발자국 무산으로 내려와	凌波仙襪降巫山
능라 비단 수놓은 곳에 운우의 정이 있네.	雲雨綾羅錦繡間
풍류는 이미 관서백에게 양보했으니	風流已讓關西伯
꽃 편지 건네주며 옥안을 대하길 바란다네.	乞與花牋當玉顏

위의 셋째 수에서 석북은 일지홍에게 꽃 편지를 건네주면서 한번
만나볼 수 있기를 청한다. '능파선자'란 수선화의 자태를 예찬한 말
로, 황정견黃庭堅의 「수선화水仙花」에 "능파선자 버선에 먼지 날리며,
물 위를 사뿐사뿐 초승달 따라가네"라는 구절이 널리 회자되면서
미인의 발꿈치를 능파선말, 미인을 능파선자라고 표현해왔다. 석북
의 이 시를 보면 아직 일지홍을 만나보지 못했기에, 관서 관찰사에
게 풍류는 양보했을지라도 한번 만나 시를 창수해보고 싶다는 마음
이 드러난다.

다음은 그의 장편 연작시 「관서악부」의 43번째 수다.

성천의 젊은 기생 일지홍	成都少妓一枝紅
비단 같은 마음씨, 시 짓기도 빼어나네.	錦繡心肝解語工
나는 듯이 말 몰아 삼백 리를 달려	飛馬馱來三百里
교서랑은 비단 휘장에 싸여 있다네.	校書郎在綺羅中

앞의 시에서 일개 서생이라서 일지홍이 찾아와주기를 바라는 것

과는 자못 분위기가 다르다. 여기서 교서랑이 평양감사로 간 채제공을 가리키는 것인지, 아니면 자기 자신을 이르는 것인지는 분명하지 않다. 어쨌든 석북이 이미 일지홍과 시를 창수해보았고 서로 만났던 사실을 알 수 있다. 일지홍을 파악하고 묘사를 하고 있으니 말이다.

일지홍을 만난 사람, 못 만난 사람

다음은 초원 이충익이 일지홍에게 준 시를 감상해본다. 「성천에서 기녀 일지홍에게 준다」라는 제목이다.

아침 구름 좇지 않으니 가곤 오지 않네.	不逐朝雲去不回
여전히 시구로 양대에 이름 떨치는가.	尚將詩句擅陽臺
창포에 아직 남은 꽃잎 붙어 있으니	菖蒲猶着殘花在
성천 만 리 온 줄을 서로 안다네.	相識成都萬里來

이 시를 보면, 초원 이충익은 일지홍을 한번 보긴 했어도 아직 깊은 연분이 있는 듯하진 않다. 초원은 그 집안이 원래 쟁쟁했던 가문이었지만, 여러 대에 걸쳐 당색이 소론에 속했고 노소 당쟁에 휘말

려 그의 조부와 부친이 유배되어 죽는 등 수난을 당했다. 그리하여 그는 귀양살이를 하는 아버지를 따라 평생을 떠돌면서 보냈으며, 일찍이 벼슬을 단념하고 오직 학문 연구에 힘을 쏟았다. 집안에서 아버지에게 학문을 배우고, 우리나라에서는 드물게도 양명학의 사상적 체계를 이룩한 정제두鄭齊斗의 학통을 계승·연구했다.

초원의 학문은 앞서 언급했던 대로 원굉도를 비롯한 공안파公安派의 영향을 받았다. 공안파는 개성을 추구하고 진眞을 추구하는 문학에 깊은 의미를 부여한 유파다. 공안파의 한 사람인 원굉도는 "세상 사람이 얻기 어려운 것은 오직 취趣이다. 취는 산의 색, 물의 맛, 꽃의 빛, 여자의 자태와 같은 것이어서 비록 말을 잘하는 사람이라도 능히 한마디로 할 수 없으니, 오직 마음으로 이해하는 자가 그것을 알 것이다"라고 했다. 그는 오늘날 사람들이 취가 있다는 명성을 사모하여 취와 비슷한 것을 구하여 서화·고동에 뜻을 두기도 하고, 향을 피우고 차를 달이는 것에 뜻을 두기도 하지만 그것은 진정한 취미와는 아무 관련이 없다고 주장했다.

그는 "취는 자연에서 얻는 것은 깊고, 학문에서 얻는 것은 얕다"고 하여 어린아이의 맑은 마음을 가지고 자연 속에서, 음악 속에서 풍취風趣와 운치를 길러야 한다고 강조했다. "인공적으로 만들어낼 수 없는 맛, 바로 그것이 문장의 참된 성령"이라는 것이다. "산에 아지랑이가 없으면 메마른 것이요, 물에 물결이 없으면 썩은 것이요, 도道를 배우는 자가 운치가 없으면 노학구일 뿐"이라며, 선비가 취미생활을 하는 것을 필수로 여겼다. 생활이 편하고 즐거워도 취미가 필요하고 고달프고 괴로워도 취미가 필요하다는 것인데, 맑은 운치가 모든 것에 제 고유한 기운을 회복시키기 때문이란 얘기다. 이충익은 사상적으로는 유학儒學 이외에 노장老莊·선불禪佛에도 해박하였으며, 시와 음악 및 서화에도 조예가 깊었다. 그의 여건을 보면 풍류를 즐길 수 있는 경우가 아닌 듯한데, 그 역시 취미나 운치를 중요하게 생각했기에 일지홍에게 이런 시를 주었던 것이 아닌가 싶다.

이충익 외에 김재찬도 「성천 기녀 일지홍에게 준다」라는 시를 남겼다. 그는 1785년에 문안사問安使로서 중국 사신을 접대하기 위해 평양에 갔으며, 그로부터 11년 뒤인 1795년에 평양감사로 부임했다. 이후 1799년에는 진하 겸 사은사로 중국에 다녀온 경력이 있다. 뿐만 아니라 성천지역의 교방을 중건한 성천부사가 바로 김재찬이라는 기록이 『속성천지』에 보이기도 한다. 김재찬은 관직 경력이 화려하여 연회 자리에 많이 참석했기 때문에 기녀들과 주고받은 시도 많고, 음악과 춤에 대한 조예, 취미에 대한 감각도 상당히 뛰어났던 인물이다. 그런 그가 일지홍에게 준 시는 이렇다.

선화 곱디곱고 규화 붉은데	仙花的的葵花紅
일만 초록 떨기에 붉은 꽃은 둘뿐.	萬綠叢中有二紅
초나라 협곡 이제 온 것 무한 유감	楚峽今來無限恨

규화 붉지만 일지홍 나타남을 보지 못하니.　　　　　　　　葵紅不見見枝紅

　시를 보면, 김재찬은 평양감사로 가서도 일지홍을 보지 못했던
것 같다. 일지홍은 정말 앞에서 스스로가 말한 것처럼 '기생이 된
것은 운명이지만, 천성이 뜻을 꺾거나 남에게 굽히질 못해서' 맘에
들지 않는 자리에는 나타나지 않았던 것일까? 일지홍이 기생들 속
에 묻혀 있으면서도 다른 이가 문에 기대어 웃음을 파는 꼴을 보면
자신도 모르게 마음이 싸늘해지고 꺼리는 기색이 얼굴에 드러나서
그런 자리, 그런 역할은 거부했던 것일까? 자신의 마음에 맞지 않으
면 금을 광주리에 담고 구슬을 말로 퍼가지고 매일 찾아온대도 소
용없다던 그 말을 지킨 것인지, 일지홍과의 만남에 성공했던 사람
은 심염조와 신광수뿐이었고, 다른 문사들은 다만 그를 보고 싶어
했던 것 같이 느껴지는 그런 자료들만 남아 있다.

　　　참으로 담담한 이별의 시

　이능화의 『조선해어화사』에는 일지홍의 시가 몇 편 실려 있지만,
'성천 기녀 일지홍'이라고 밝힌 것은 이 한 수뿐이다. 즉 일지홍의
시로 유일하게 전하는 것이다. 제목은 「이별離別」이다.

말은 강선루 아래에 매어놓고　　　　　　　　駐馬仙樓下

은근히 다음 기약 물어보네.　　　　　　　　慇懃問後期

이별 자리엔 술이 다했는데　　　　　　　　離筵樽酒盡

꽃 지고 새 우는 때로구나.　　　　　　　　花落鳥啼時

기녀들의 시에 제일 많이 등장하는 것이 이별, 기다림, 눈물이다. 그런데 일지홍의 시 역시 눈물이나 원망 같은 것은 보이지 않는다. 이별을 담담하게 하고 다음 기약을 물어보는 정서는 황진이를 연상 시킨다. 헤어진 다음의 후유증을 줄이는 지혜 말이다. 그러면서도 모든 것이 끝난 듯 막막한 심정을 술도 다하고 꽃도 지고 새가 우는 풍경 속에 담아내고 있으니, 참으로 잘된 이별시가 아닐까.

이별이 잦은 기녀생활, 헤어진 다음에도 어떻게 사랑인 줄 믿음을 가질 수 있었을까. 사랑과 욕정의 그 애매한 경계선, 마치 더운 물과 찬물이 섞여드는 그 경계선 같은 것을 어떻게 구별할 수 있었을까. 사랑의 본질적 속성인 이타성과 지속성이 어떻게 멀리 떨어져서도 가능할까 말이다. 이산가족이 되어 마음으로, 정신으로 그리워하면서 산 것도 이타적이고 지속적인 삶일까? 늘 같이 생활하면서도 이타적인 모습이 없고, 언제든 헤어질 수 있다고 믿는 경우는 지속성이 있다고 할 수 있을까?

그런 생각을 하다보면 부부라 해서 사랑하고 사는 것은 아니고, 기녀와 사대부라고 해서 욕정만으로 만나는 것은 아니라는 생각이

들기도 한다. 모든 관계는 그 자체로 각기 다른 인연이랄까, 저마다 수준을 가지고 있기 마련이다. 고급하고 좋은 인연, 그런 만남이 많은 삶을 만드는 것은 서로의 현실 조건이 아니라 마음가짐에서 비롯되는 것이리라. 하지만 태어날 때부터 신분상으로 하층 천민이라는 족쇄가 채워진 기녀들은 그 자신 아무리 달라지고자 해도 한계가 있었을 것이다. 일지홍의 총명함과 취향, 개성을 살펴보면서 역사의 질곡이 한 사람을 이토록 괴롭게 살다 가게 했구나 싶다. ☀

사실 우리가 알고 있는 과거의 사실들 가운데는 역사 지식이라고
말할 수 없는 단순한 사실, 부질없이 기억되는 옛일이라고 할 만한
것들이 꽤 많다. 실용적이지도 않고 현실적이지도 않고, 미래 지향
적이지도 못한 그저 그런 과거의 사실들 말이다. 그런 사실들은 하
루하루 생활하기에 바쁜 사람들에게는 정말 거추장스러운 교양이
거나 짐스러운 장식품 같은 기억에 불과할 터이다.

그런데도 조선조 여성 예인의 자취를 더듬어보는 까닭은 그것이
결코 한가로이 부질없는 옛날이야기를 꺼내는 것이 아니라는 생각
때문이다. 그들의 천한 신분과 어울리지 않게 얼핏 화려하게만 보

이는 생활, 타고난 재능, 그것을 연마하느라 뼈를 깎는 기예 연마의 시간, 예민한 감수성과 윤리 도덕 사이의 갈등, 사람들과의 관계, 특히 성윤리 문제 같은 것 말고도 우리나라 음악, 무용의 그 발달 풍속사 같은 것은 이미 과거의 일이 아니다. 현재에도 참으로 좋은 거울이 되어주니 말이다. 과거를 촘촘히 살펴보면, 지금의 우리 모습이 보이고, 앞으로 우리가 무엇을 조심하고 무엇을 생각하며 살아야 할지도 보인다. 특히 연예계나 문화 예술계에서 활동하는 이들에게는 더욱 유익한 주의 사항이 보일 것이다. 재해석의 여지가 있다는 것은 문화적 생명력이 이어지고 있다는 말이 아닐까. 바로 그 점을 기대하면서, 또 한 사람의 여성 예인의 자취를 따라가본다.

가련하구나, 졸렬하고 산만한 서평사여

18세기에 함경도 함흥咸興에서 활동한 기녀 취련이다. 사실 시를 잘 짓는 함흥 기녀 취련이 이야기를 할까, 벽성碧城(김제) 거문고 기생 천련千蓮이 이야기를 할까 고민하다가 취련이를 선택한다. 천련이의 경우는 그가 연주했던 곡의 제목이나 연주 현장에 대한 이야기가 구체적이지 않기 때문이다. 또한 예인의 생활 이야기를 하기에는 취련이가 조금 더 흥미롭기도 하다. 그의 경우를 통해서는 남녀의 인연이랄까 연분에 대해 되새겨볼 점이 많은 까닭이다.

함흥 교방에 있었던 취련은 1728~1729년 무렵에 함경도 북평사로 부임한 서명빈徐命彬, 1692~1763과 깊은 연분을 맺었다. 서명빈은 조선조 후기에 쟁쟁했던 가문의 하나로 손꼽히는 달성達城 서씨 집안의 자제다. 그의 호는 알려지지 않았고, 자를 성질聖質, 혹은 질보質甫라고 했다. 이름이 있는데 왜 자를 짓느냐 하면, 이름에는 항렬자가 들어 있어 가문에서 그의 순서가 드러나므로 단순히 개인을 호칭하는 것 이상의 의미가 담겨 무겁게 느껴지기 때문이다. 한 가문의 명예가 함께 걸려 있기에, 본인도 이름을 깨끗하게 관리하기가 조심스럽고 주변 사람들도 이름을 함부로 부르기가 부담스럽게 된다. 그리하여 성인이 될 무렵에 주로 할아버지나 아버지가 자를 지어주고, 친구나 주변 지인들은 자를 편하게 사용한다. 서명빈의 이름에서 명命은 집안 돌림자이고 그 사람을 가리키는 글자이므로, 의미를 살려 그 글자가 들어 있는 고전 명구를 따다가 이름 글자와 자가 서로 의미가 통하게 지어준 듯하다. '문질빈빈文質彬彬'이라는 『논어』의 구절에서 따와 '질보'라고 한 것으로 짐작된다.

'문질빈빈文質彬彬'은 『논어』「옹야雍也」편에 "무늬가 바탕의 질감보다 화려하면 거칠고 촌스러우니, '무늬와 바탕이 똑같이 빛난' 다음에야 군자라고 할 것이다"라는 구절에 나온다. 무늬란 겉으로 드러나는 형식에 속한다면, 바탕은 속에 감춰져 잘 드러나지 않는 실질적인 것이다. 무늬는 사람의 학식이나 재주, 혹은 사회적 지위 정도로 생각할 수 있겠고, 바탕이란 인품을 의미한다고 보면 될 듯하다.

질보 서명빈은 1723년(경종 3) 정시문과에 급제하여 1727년(영조 3)에 함경도 북평사로 부임했다. 북평사北評事는 정6품의 외관직으로서 함경도와 평안도에 각 1명씩 총 2명을 두었다. 북평사는 병마절도사를 도와서 도내 순행과 군사훈련, 무기 제작과 정비, 군사들의 군장 점검, 군사시설 수축 등의 임무를 대신하기도 했고, 병마절도사 유고有故 때는 그 임무를 대행했으며 임기는 2년이다. 이 당시에 과거급제한 지 2년 만에 6품직 북평사로 승진한 것을 보니, 가문이 좋은 경우인 듯싶다. 아니나 다를까 부친이 영의정을 지낸 서종태徐宗泰이고, 형은 좌의정까지 지낸 서명균徐命均이며 그의 집안에 정승 판서가 여럿이다. 당시에 6품직의 의미는 오늘날 정규직과 비정규직 같은 차이가 있다. 6품직 이상은 그 이하의 관직과 달리, 근무 일수에 제한을 받지 않고 봉록에 간식비가 나오기 때문에 처우 면에서 크게 차이 난다. 처음부터 홍문관에 배치되는 명단에 그의 이름이 들어간 것을 보면서 쟁쟁한 실세 가문의 사람이려니 짐작했는데, 정말 그렇다.

그의 가문은 당색으로 보면 소론少論에 속했지만, 정치적 견해를 강하게 표출하지 않고 영조의 탕평책에 협조하여 입지를 넓혀나갔던 것으로 알려져 있다. 하지만 가문이 쟁쟁하고 좋을수록 한 개인이 운신할 수 있는 폭은 거의 없는 법. 벼슬길에 나와서 첫 정을 두었던 기녀를 왜 데리고 가지 못했는지 짐작할 수 있다.

조문명趙文命, 1680~1732의 『학암집鶴巖集』에 취련과 성질의 인연을
읊은 시가 있다.

"북관의 시 짓는 기녀 취련은 성질聖質 서명빈이 평사評事로 그곳에 있
었을 때 총애하던 기녀이다. 성질을 보기 위하여 눈과 얼음을 무릅쓰고
천릿길을 마다 않고 찾아왔을 때 성질이 마음은 비록 기뻤지만, 감히
집으로 가자고 하지 못했다. 취련이 시에 이르기를 '온 밤 그리운 마음
에 머리는 눈처럼 희었는데 창에 가득 밝은 달 애 끊는 때로구나一夜相
思頭盡雪 滿窓明月斷腸秋'하였다."

아, 이 시를 보고서 사람이면 누군들 창자가 끊어질 듯하지 않겠
는가. 그런데 지금 취련으로 하여금 단장의 시를 짓게 하였으니, 졸
렬하구나 성질이여. 드디어 취련에게 절구시 한 수를 읊어준다. 그
자리에서 그 시의 운자를 차운하였다.

꼿꼿하게 빼어난 옥정련의 모습	秀出亭亭玉井姿
동풍에 수줍은 듯 푸른 버들가지 같네.	東風羞殺綠楊枝
가련하구나, 졸렬하고 산만한 서평사	可憐拙澁徐評事
예전에 사랑하며 연뿌리 꺾던 시절 모두 잊었는가.	舊愛渾忘折藕時

위의 시에서 옥정련玉井蓮은 취련을 비유한 듯하다. 연뿌리 꺾던 시절이란 남녀가 외면적으로는 관계가 끊어졌으나 서로 그리워하는 정이 남아 있음을 비유하는 말이다. 연뿌리를 잘라도 그 가운데 있는 실이 끊어지지 않기 때문이라 한다. 또, 당나라 시인 한유韓愈의 고의시古意詩에 "태화봉두옥정련, 개화십장우여선[太華峯頭玉井蓮 開花十丈藕如船](태화산 봉우리 옥정련은, 꽃잎이 열 길이요 뿌리는 배만 하구나)"라는 시구가 있기도 하다. 이 시는 옥정련 같은 취련이가 봄바람을 맞이하여 수줍은 버들가지 같은 자태를 보이는데도, 그것을 거두어주지 못하는 서평사는 정말 졸장부로다 하면서 짓궂게 놀리며 야유하고 있다. 이를 미루어 보건대, 조문명과 서명빈이 허물없이 친한 사이였구나 싶다.

조문명 역시 소론 가문인 데다 서명빈보다 선배였다. 그 역시 풍양 조씨로서 나중에 우의정까지 올랐고, 사후에는 영조 임금의 묘정에 배향되었을 만큼 영조의 오른팔이었다. 동생 조현명趙顯命과 함께 영조의 탕평을 주도적으로 보좌한 소론의 중심인물이었던 것이다. 정조의 양모后養母后인 효장세자빈孝章世子嬪, 즉 효순왕후의 부친이기도 하다. 그런 정도의 사람이니까 '졸렬하고 산만한 서평사'라는 말을 하면서 짓궂게 놀릴 수 있었던 것 아닐까.

시에 드러난 상황은 서명빈이 북평사로 있다가 임기가 만료되어 서울로 다시 돌아왔고, 서명빈을 못 잊어 상사병이 난 취련이가 그를 보러 함경도 함흥에서 한양까지 찾아온 것이다. 관아에 소속되어 있는 천민 신분인 기녀가 시간을 확보해서 그 먼 길을 찾아오기가 쉬운 일이었을까. 당시에 그 먼 길을 여자가, 그 불편한 교통과 위험을 감수하며 찾아온다. 더구나 신분의 차이가 그토록 명백하고 어쩌면 세인의 시선이 두렵기 그지없는 한양으로 오직 임의 정 하나를 믿고 찾아온다 함은 보통 사건이 아니다. 취련이의 그 애틋하고 절실한 마음을 누구보다도 잘 알았을 사람은 당연히 서명빈이었겠고, 서명빈을 졸장부라고 야유하는 조문명도 훤히 짐작하고 있었을 터이다. 그러니 위의 시에서 서명빈이 마음은 비록 기뻤지만, 감히 집으로 가자고 하지 못했다고 한 것이리라.

취련이 찾아와 마음속 깊이 반갑고 기쁘면서도 그러나 집으로 함께 가자고 못하는 것이 현실이다. 부모 형제가 있고, 가문의 명예가 있고, 역시 쟁쟁한 처가가 있고, 아내와의 의리가 있고, 세상 사람의 시선이 있어서, 이제 출세가도에 갓 진입한 관료가 자신의 감정에 충실하게 처신할 수 있는 폭은 사실 없었으리라. 그 고민이 한눈에 읽힌다. 조문명은 바로 그 점을 아주 훤히 헤아리고 있으면서 '졸렬한 서평사'라고 놀렸다. 좀더 대담하고 책임감 있게 처신하지, 정을 둔 기녀 하나를 보살펴주지 못하냐고 빈정거린 것이다. 서명빈의 마음이 어떠했을지 궁금하지만 그의 문집이 전하지 않으니, 전혀 알 수 없다.

이종성, 서명빈과 취련의 마음을 대신 읊어주다

질보 서명빈이 북평사를 마치고 한양으로 돌아온 다음, 그와 동 갑인 오천梧川 이종성李宗城, 1692~1752이 그해에 위유어사慰諭御史가 되 어 함경도로 파견되었다. 백사白沙 이항복李恒福의 5대손이었던 이종 성 역시 소론 명문가 출신으로, 출세가도에 있었던 사람이다. 1729 년 7월에 함경도에 크게 홍수가 나서 주상이 특별히 그를 파견하여 백성들을 위로하고 안정시키도록 하였는데, 그 임무를 띠고 나갔을 때 지은 시 40여 수가 『북행록北行錄』이라는 시첩에 실려 있다. 그 안 에는 영평永平, 안변安邊, 함산咸山, 종성鍾城, 홍원洪原 등 북도 일대를 돌아보며 지은 작품들이 모여 있다. 기생과 관련된 내용이 많은 것 이 특징인데, 거기에 취련과 관련된 시도 여러 편 있다.

정평定平의 기녀 취련翠蓮은 서질보徐質甫의 정인情人인데, 두어 차례 편 지를 보내도 회답이 없으니 질보의 박정함을 한스러워하였다. 나는 질 보가 취련에게 정이 있음을 알기에 희롱삼아 질보를 위해 조롱함을 해 명해주었다.

관방 요새 아득하여 친구는 멀리 있는데 　　　　　　　關塞迢迢隔舊知

원빈이 생각하는 미인을 만났다네. 　　　　　　　　　元賓思處得娥眉

멀리서도 알겠네, 가을밤 선비의 박정함   遙知秋夜淸衾薄

미인은 이별 후 세 번이나 시를 보냈다네.   三復佳人別後詩

오천 이종성 역시 서질보와 친한 사이임이 한눈에 드러나는 시이다. 그 역시 서질보의 마음이 취련에게 있음은 잘 알고 있다. 그렇기에 한편으로는 취련이를 위로하고, 다른 한편으로는 취련이의 마음을 대신 읊어주며 놀리는 것이다. '원빈이 생각하는 미인을 만났다네' 하는 구절은 '원빈사처득아미元賓思處得娥眉', 즉 '원빈이 마음을 두고 그리워하는 곳에서 바로 그 미인을 만나보았다'는 말로서, 원빈은 절친한 친구를 비유한다. 원빈元賓은 당나라 때 시인인 이관李觀의 자로, 그는 한유가 지극히 아끼는 친구 중 한 명이었다. 바로 그런 이유로 자신을 한유에게, 서질보를 원빈에게 빗대어 표현했다. 그렇게 어렵게 비유하면 누가 알아듣겠냐고 생각할 수도 있겠지만, 옛날 사람들에게 그런 정도의 교양이란 오늘날 우리가 아주 인기 절정인 영화나 연속극을 보고 주인공에게 자신을 빗대어 표현하는 것이나 마찬가지인, 지극히 일상적인 일이었다.

질보 서명빈의 시가 전하지 않음은 정말 유감인데, 서명빈의 응수 또한 만만치 않았던 듯하다. 이종성의 시 「질보의 시에 차운하여 취련에게 준다」를 보면, 조그만 글씨로 "서질보가, 노니는 벌을 꽃가지 가까이 맴돌게 하지 말라는 말을 했다"는 설명이 붙어 있다. 서질보가 이종성이 함경도에 파견된다는 말을 듣고서, 이종성을

'노니는 벌'에 비유한 것이다. 저 논다니 벌을 한 송이 꽃과 같은 취련의 근처에 보내서는 안 된다고 말했던 모양인데, 그후에 이종성이 은근히 서질보를 약 올리는 시를 지었다.

홀로 꽃향기 지킨 지 얼마나 되는가	獨保芳香問幾時
그대에게 일찍이 꽃구경 기약 따져 물었었지.	從君曾詰看花期
붉은 꽃 다 지고 서풍이 급하니	紅衣落盡西風急
아마도 곁에 사람이 한 줄기 꺾을 듯.	恐被傍人折一枝

이렇게 친한 친구끼리 약 올리고, 애정 문제로 불안감을 조성하면서 슬슬 놀리고 하는 모습은 요즘이나 별다를 바가 없다. 하지만 이종성은 친구를 불안하게 만들고 놀리면서도 한편으로는 취련을 위해 그녀의 마음을 대신 읊어주면서 이들의 연분이 이어지도록 도와주고 있음을 볼 수 있다. 「성빈聖賓의 시를 차운하여 취련을 위해 질보에게 부친다」라는 시에서는 취련이 서질보의 소식을 기다리는 마음을 읊어주었다.

옛날에 약속하길, 일찍이 취련을 데려가신다 했죠.	舊約曾期並蒂蓮
이별 후에 헛되이 단장의 시구 부쳐요.	別來空寄斷腸篇
향기론 규방 침상 어느 날 오실 줄 알까요?	香閨下榻知何日
가을 늦은 횡당, 배를 타고서 마음을 딴답니다.	秋晚橫塘採芰船

또 「취련의 시를 차운함」에서는 버림받은 듯한 슬픔과 불안 가득한 심정을 대신 읊어주기도 했다.

예전에 취련도 데려가신다더니   昔爲連蒂約
지금은 끊어진 실과 같이 되었죠.   今作斷絲人
절개를 손상당해 붉은 눈물 흘리매   殘節守紅泣
방울방울 깁 수건 적신답니다.   點點濕羅巾

"촌촌이 끊는 간장 곳곳이 상심처라"

이렇게 누군가가 지방 관아에 부임해서 기녀와 정을 두다가 임기가 만료되어 떠나고 나면 남은 기녀는 그날부터 상사병으로 속병이 시작된다. 맏아들이 아닌 경우에는 일가족이 함께 남편의 부임지로 이사와 있다가 임기가 만료되어 다른 곳으로 가거나 고향으로 돌아가는 경우도 많았다. 그래도 안채와 바깥채의 생활은 엄연히 구분되니, 관아에서 시중들던 기녀와의 인연은 또 별개의 문제가 된다. 그것은 그 당시 사람들이 살던 방식이었다. 그런 경우 임기를 마치고 관료가 떠날 때 기녀의 심정은 더욱 비참하다. 해주 기녀 명선이가 황해도 관찰사 교체 소식을 듣고 읊은 가사 「이별 소식을 듣다」

보고 싶은 마음으로 피차 상심 일반이겠지만, 사실 속내를 따지고 들면 기녀의 마음에 비하랴. 정을 나누었던 임이 더 좋은 곳으로 부임되어 떠난다 해도 사실은 기쁜 마음보다 속병 앓을 자신의 팔자가 더 걱정됐을지 모른다. 기녀 명선이 역시 수령을 떠나보낼 때 간장 곳곳이 끊어질 듯한 마음을 끝내 감추지 못했다.

에 이런 대목이 있다.

백년을 길이 맺어 청산같이 늙지 말자
살아생전 이 세상에 이별말자 원이러니
좋은 때는 빨리 가고 조물주가 시기하여
적막 여름 다다라서 일진광풍 일어나니
푸른 하늘 무너지고 탄탄평지 꺼지도다
생각밖에 경질되니
청천백일 밝은 날에 뇌성벽력 내리는 듯
생각잖은 이내 간장 뭇 바늘로 찌르는 듯
먹지 않은 술이 취코 눈 뜨고 가위 눌림
피차에 듣는 눈물 네 줄 폭포되었도다
하늘은 어두워져 불러도 대답않고
귀신이 곁에 있어도 이내 병 못고친다
좋은 일은 수이가니 정한 날이 얼마되리
수레를 재촉하여 부인 행차 내 보내니
촌촌이 끊는 간장 곳곳이 상심처라.

정병설 역, 『나는 기생이다』

있을 때는 함께 있다가, 정을 둘 때는 아낌없이 두다가, 막상 공식적인 상황에 변화가 오면 확연히 차이가 나는 것이 정식 아내와 한갓 정을 둔 기녀의 위치다. 수령이 떠나는 행차에 부인의 짐은 모두 싣고 함께 데려가는 상황에서, 기녀는 뭐라고 말할 수 없는 상처를 받으며 지켜보고 있는 광경이 그려져 있다. 기녀는 생의 의욕을 잃고, 하늘이 무너지는 것처럼 피눈물이 안으로 고인다.

그런 상황에서 아주 잠깐, 작별의 순간이 있다. 『나는 기생이다』에 실린 「청주 기생의 청혼」(원제: 「청농가인한창가靑龍佳人寒窓歌」) 가운데 그런 장면이 보인다.

헤어보고 생각하오. 일호一毫 거짓 헛말 될까. 얻으면 다 얻으며 님이면 다 정일까. 동방화촉洞房華燭 두어 밤에 무슨 정이 이러하오. 내 일 내 모르오. 정이 아녀 곧 병인 듯. 미친바람에 날린 꽃잎 어느 곳을 향할는지.

총총이 하직할제,

"잘 있거라."

"보중하오."

"설마 다시 못 보랴."

이별인 듯 하직인 듯, 높은 하늘 무너지고 굳은 땅이 꺼지는 듯. 님 위하여 듣는 눈물 정신이 아득하고, 훌훌히 가는 심사 앞길이 막막이라. 가는 첩 가게 두고 있는 님 있게 하니, 가고 싶어 내 가오며 보내고자 보내시오. 사세 부득 그러하니 피차 상심 일반이라. 사내의 허망한 마음 헌 신처럼 여기지만, 그래도 여자의 약한 장위腸胃 마디마디 끊어지고 밝던 눈도 흐리도다.

정병설 역

 기녀는 그렇게 이별해야 하는 현실을 십분 인정한다. 그러면서 "사내의 허망한 마음 헌 신처럼 여기지만, 그래도 여자의 약한 장위 마디마디 끊어지고 밝던 눈도 흐리도다"라는 말이 저절로 나오고 만다. 어떻게든 자신의 무너지는 마음을 다잡아보려는 심정이 느껴진다. 사내를 믿지 않으려고 애를 쓰지만, 창자가 끊어지는 듯 눈앞이 흐려지는 순간 오직 나눈 말이라고는 "잘 있거라" "보중하오" "설마 다시 못 보랴", 이것이 전부다. 이 간결한 작별의 말에 얼마나 많은 눈물과 한숨이, 마음을 온통 헤집어놓는 그리움과 슬픔, 막막함이 담겨 있는지……

 양반들도 기녀 못지않게 슬프긴 마찬가지다. 함경도 부령으로 유배를 갔던 18세기의 문인 담정 김려는 정을 둔 기녀 연희와 이별하게 되자, 자신의 분신과 같은 친구와 이별한 듯한 절망적 슬픔을 느꼈다. 박혜숙이 번역한 김려의 시집 『부령을 그리며』에 보면 연희와 이별하는 심정을 읊은 시에 "지기知己를 얻기란 참으로 어려운 일, 생이별만 한 슬픔이 또 있을까. 연희 집에서 노래 부르고 술을 마셔 댔지, 아침에 노래하고 저녁에 취해 백 년을 살쟀더니, 다음 세상 알 수 없고 이승에선 끝이로구나. 북쪽 구름 남쪽 나무 아득히 떨어져 눈물짓네"라는 구절이 보인다. '북쪽 구름 남쪽 나무'란 당唐의 시인 두보가 친구 이백을 그리워하며 쓴 것으로, 서로 헤어져 그리워함을 뜻한다.

연희도 김려에게 "살아서나 죽어서나 저버리지 않는 벗은, 억만 사람 가운데 하나나 있을까요?"라고 물은 적이 있었고, 그 말을 들은 김려는 "이 말 들으니 참으로 부끄러워, 바늘에 따끔 찔린 듯했네. 남은 나를 저버려도 나는 저버리지 말아야지, 이 생각 깊이 새겨 평생토록 지키려네"라고 쓰기도 했다. 그 시에 더불어 "내가 연희의 이 말을 듣고 전후로 곤경을 겪는 속에서도 사람들을 저버리지 않았으니, 연희의 힘이 참으로 크다"라는 설명을 달아두기도 했지만, 현실의 무게 앞에서는 무기력했다. 유배지에서 서울로 압송되고, 다시 다른 곳으로 유배되어가는 상황에서는 연희와 생이별을 할 수밖에 없었다. 오늘날의 사람들은 유배 가서 뭐 기생을 두느냐 할 텐데, 그것은 생활의 맥락이 다르다는 점을 감안해서 이해해야 한다. 유배 간 죄수도 밥은 먹고, 빨래는 하고, 일상을 보살펴주는 여자는 있어야 하는 것이 조선조의 생활 방식이니 말이다.

아무튼 그렇게 울며, 피차 가슴 아파하며 헤어진 다음에 떠나간 양반이 혹시 기녀를 다시 부르더라도 기쁘고 홀가분하게 달려가기는 힘들다. 앞서 언급한 해주 기녀 명선이가 그렇게도 그리던 님이 서울로 오라고 부르는 소식을 듣고 쓴 가사에 이런 대목이 있다. 불러주기를 학수고대했지만, 막상 님 따라 서울로 가자니 해주에서

자신의 생활 무게가 만만찮았다. 일단은 어머니를 돌보는 문제가
걸렸다.

정녕 말씀하신 언약 주야 고대 바라더니

맑고 높은 가을 하늘 교군轎軍 가마 보내시니

미덥기도 미더울사 천년불개千年不改 군자의 말 오늘에야 믿부도다

진실로 겨울 가면 따뜻한 봄 돌아오고

오르막이 지나가면 내리막이 있다는 말

나를 두고 이름인 듯

행장을 수습하여 부모 전에 하직하니

절의도 무겁지만, 불효 역시 가볍잖다

정병설 역

생활의 무게, 현실과 일상의 무게, 그 거미줄 같은 사람살이의 그
물망은 양반에게도 천민 기녀에게도 만만치 않고, 간단치 않았다.
저마다 힘겨운 문제였을 뿐. 그래도 기녀 명선이는 님이 저버리지
않고 불러줘서 서울로 님 따라갈 수 있었다만, 취련이는 끝내 서명
빈의 부름을 받고 따라가지는 못했던 것 같다. 가문이 좋고 힘이 있
으면 뭐든 맘대로 할 수 있을 듯하지만, 그런 경우에는 내놓은 망나
니 취급을 받을 뿐이고, 층층시하에서 사회적 책임을 감당해나가자

면 자기감정대로 자유로울 수 없었다.

당나라의 설도에 비견된 취련

이종성의 「취련에게 준다」라는 시를 보면, 취련이 시도 잘 짓고, 글씨도 잘 쓰고, 악기 연주도 잘했던 예기로서 손색이 없었음을 볼 수 있다. 그런 취련이가 고독하게 살아야 할 이유가 없을 듯하지만, 결국 버림받은 고독을 견뎌야 했다. 취련의 인물 초상화라고 해도 과언이 아닌 그런 시를 실어본다.

금관성에 설도의 명성을 다투더니	錦官爭說薛濤名
천년토록 시의 근원 또한 평정하였네.	千載詞源又定平
붓을 잡고 잠깐 멈추어 단판을 울리던 솜씨	握管乍停鳴板手
시를 읊조려 구름을 멈추는 노래를 짓네.	吟詩仍作遏雲聲
낭군의 초선관貂蟬冠 옥관자玉貫子 은대에 귀하건만	郎君貂玉銀臺貴
젊은 아낙 아름다운 옥을 차고 금자시錦字詩 완성하네.	少婦瓊瀛錦字成
예로부터 미인은 기박한 운명 슬퍼하니	從古佳人悲薄命
다만 가엾구나, 고적한 밤 누굴 원망하리오.	獨憐孤夜怨誰情

취련을 그 유명한 당나라의 기녀 설도薛濤에 비유하고 있다. 설도
는 음률音律과 시사詩詞에 능하여 항상 원진元稹·백거이白居易·두목
杜牧 등과 창화唱和하며 역사에 이름을 날린 명기다. 우리는 동심초
라는 노랫말로 잘 알고 있지만. 취련도 설도처럼 음률과 시사에 능
하고, 글씨에 능했다고 칭찬하였다. 또한 초선관과 옥관자를 갖추
고 왕명을 출납하는 비서실인 승정원. 즉 은대에 근무하느라 바쁜
님과, 금자시를 수놓는 취련을 대비시켰다.

금자시는 고사가 있는데, 버림받은 여자가 사랑을 되찾기 위해
호소하는 시를 의미한다. 중국 전진前秦의 두도竇滔가 양양襄陽을 진
수鎭守할 때, 그가 총애하는 기녀 조양대趙陽臺를 데리고 부임하여 그
처 소씨蘇氏와 소식을 끊어버렸다고 한다. 이에 아내 소씨가 한스러
워하고 슬퍼하여 비단에 회문시廻文詩를 짜넣어 두도에게 부치니,
도가 그 비단 글자를 보고 감복하여 수레를 갖추어 소씨를 맞아왔
다는 것이다. 그 이후로 버림받은 여자가 사랑을 되찾기 위해 호소
하는 시를 지으면 이를 두고 금자시라고 한다. 이종성은 미인의 기
박한 운명은 팔자라는 말로 위로하면서, 취련이가 고적한 밤을 보
내게 된 것을 누구 탓이라 해야 할까, 아무도 탓할 수 없고 팔자소
관이라며 끝맺었다.

살다보면 진실된 감정이라 하여 반드시 지속할 수 있는 것도 아
니고, 책임질 수 있는 것도 아닌 상황이 생겨난다. 진심인데도 그것
을 지키지 못하는 온갖 상황 말이다. 윤리 도덕에 맞게 실천한다 하

여 그것이 꼭 진실인 법도 아니고, 진실이라 하여 다 윤리 도덕에 적합한 것도 아니리라. 생존 현실의 무게, 생활의 다층적 얽힘 속에서 자기감정을 자유롭게 지키고 감정대로 살 수 있는 사람이 과연 얼마나 있을까?

그러나 모든 감정은 슬픔은 슬픔대로, 행복은 행복대로, 그 나름의 아름다움을 빛을 수는 있을 것이다. 공감할 수 있고, 함부로 욕하지 않을 수 있는 상황으로, 감정을 아름답게 처리하는 것이 지혜가 아닐까 생각해본다. 남녀관계, 사람관계에 대해서는 이모저모로 다시 짚어볼 문제가 참 많다. 정서가 풍부하고, 재능이 예술적으로 발휘되는 사람들은 감정 때문에 힘든 상황이 더 많을 수밖에 없을 것 같은데, 조선조 여성 예인들 삶의 지극한 일부분을 통해 아주 조금 엿볼 수 있었다. ❀

이런 아들이 있었구나, 기생 어미에게

기녀는 예외 없이 관청에 소속되어 있는 관비의 신분이다. 이들은 관청에서 밥 짓고 물 긷고 빨래하고 바느질하고 청소하고 다과상, 주안상을 차리는 일을 한다. 그러니 관청마다 여종이 없을 수는 없는데, 그들 가운데 자색이 곱고 총명하고 가무에 재주가 있는 자는 교방에 소속시켜 재예를 연마하게 하기도 하고, 수청을 들게 한다. 수청守廳이란 청직廳直과 같은 뜻이다. 관청에서 하인이 상관의 측근에서 자리를 지키고 있다가 그의 명령을 따라 심부름을 하는 것이다. 그런데 그 말이 관청의 여종인 기녀에게 쓰일 때에는 상관의 잠자리 시중을 듦을 의미하도록 흘러가버린 것뿐. 기녀들은 어떤 사

람이 수령으로 오느냐에 따라 운명이 완전히 바뀐다. 천민 노예로
서 원래 자기 의지대로 산다는 것이 불가능한 일이지만, 이들에게
상관의 말에 복종하느냐 불복종하느냐는 곧 죽느냐 사느냐의 문제
그 자체가 되기도 한다.

조선시대 기녀들의 애환

『조선왕조실록』태종 10년(1410) 6월 25일자 기사를 보면 나주
판관 최직지崔直之가 관기 명화名花가 수청을 들지 않는다고 매질하
여 3일 만에 죽게 만들어서 파면된 일이 나온다. 만경 현령 윤강尹江
이 어떤 일로 나주에 이르렀는데, 그에게 수청을 들라고 한 명령을
거절했기 때문에 그랬던 것이다. 그런가 하면 17세기의 오숙吳翽이
란 사람은 일찍이 서평공西平公 한준겸韓公浚謙의 막료幕僚로 있을 적
에 숙녕肅寧의 관비 애일愛日에게 마음이 쏠린 나머지 그녀를 군관軍
官처럼 변장시키고는 군중에 놔두고 함께 지냈다. 그러면서 '애비장
愛神將이라고 불렀을 만큼 사랑했다. 또한 18세기의 북도 관기 일선
은 처음엔 절개 있는 행실이 없었지만, 한번 태수의 아들과 정분이
좋은 다음에는 목숨을 걸고 절개를 지켰다고 한다. 맘에 누굴 두고
부터는 이후 부임한 관료가 만 가지로 협박해도 끝내 뜻을 꺾지 않

왔고, 태수의 아들이 한양에서 죽자 즉시 달려가 곡을 하고 상을 마쳤다고 전한다. 일선이 그후로도 집을 지키며 종신토록 시집가지 않았으므로 그후에 그 집을 복호해준 일도 있다. 복호라는 것은 나라에서 세금을 면제해줌을 이른다. 그것이 그만큼 대단하고 힘들고 희귀한 일이기 때문에 그렇게 해주는 것 아니겠는가.

그러니 재예 기녀는 원래 재주와 예능을 선보일 뿐 몸을 파는 일과는 아무 상관이 없었지만, 현실은 언제나 원칙보다는 힘의 논리가 우세하니 살다보면 어쩔 수 없이 성이 다른 아이를 낳게 되곤 했다. 그런 경우 법에서 자녀의 신분이 아버지를 따르게 할 때는 양반의 아들을 낳으면 아들은 그럭저럭 글을 가르쳐서 과거시험을 보게 할 수도 있었지만, 딸의 경우는 애당초 그것이 불가능했다. 아버지 신분을 따르게 하든, 어머니 신분을 따르게 하든 그냥 비첩으로 살아갈 수밖에 없었다. 기녀로 대물림하는 것이 운명이었던 것이다.

조선 개국 공신 정도전의 감추고 싶은 외가

기녀의 아들 가운데 정말 잊을 수 없는 사람이 셋 있다. 한 명은 그 유명한 조선조 개국공신 정도전이고, 다른 한 명은 조선전기의 정승 이양원李陽元, 1526(중종 21)~1592(선조 25)이고, 또 한 명은 숙종조의 어의御醫 유상柳瑺이다. 이들은 모두 아버지가 쟁쟁한 양반이지만, 어머니는 남의 집 종이거나 관청의 기생이었다는 공통점을 가지고 있다.

먼저 정도전부터 본다. 정도전의 부친 정운경鄭云敬은 우연禹淵의 첩의 딸과 결혼했다. 그의 외조부인 우연禹延의 장인인 김진金戩이 일찍이 중이 되어, 그 집의 종 수이樹伊의 아내를 몰래 간통하여 딸 하나를 낳고 승려생활을 그만둔 다음, 수이를 쫓아내고 그의 아내를 데리고 살았다 한다. 바로 그렇게 태어난 딸이 정도전의 외조모였으니 정도전은 어머니 쪽의 신분과 태생이 큰 약점이었다. 그런데 그런 치명적 약점을 김진의 인척인 우현보禹玄寶의 집안이 자세히 알고 있었다. 이에 따라 우현보의 세 아들은 정도전이 처음 벼슬길에 나설 때부터 자기 집안 종의 자손이라고 업신여겼으며, 대간 벼슬에 있으면서 정도전이 벼슬을 옮길 때마다 그의 고신告身에 서명을 해주지 않아 괴롭혔다고 한다. 정도전은 당시의 원한이 뼈에 사무쳤던 듯, 조선 건국 후 개국공신으로서 권력을 휘어잡자 우현보와 아들 3형제, 그리고 맏손자를 귀양 보낸 후 3형제를 몰살시켰다. 그런 사실이 『태조실록』 권14, 7년 8월 26일 기사 「정도전 졸기」에도 나오고, 황윤석의 『이재난고』에도 대동소이하게 실려 있다.

평양 기녀의 아들, 정승 이양원

조선전기 중종 · 선조연간의 영의정을 지냈던 이양원이란 사람은 조금 다르다. 그 역시 정종의 아들인 선성군 무생宣城君茂生의 현손으로 아버지는 이원 부령利原副令을 지낸 이학정李鶴汀이지만, 생모는 평양 기적에 올라 있었던 사람이다. 『이재난고』1770년 6월 16일자 일기에는 이양원에 대한 다음과 같은 일화가 전한다.

정승 이양원은 호가 노저鷺渚인데, 정종定宗의 후예이다. 친가는 모두 과거에 올랐으나 그 모친은 평양 교방 기적에 있을 뿐이다. 이정승이 관찰사로서 본부 연광정에서 연회를 할 때 기녀가 술을 따르며 서로 말하기를, "우리들이 어찌 아들을 낳음에 저와 같을 수 있겠는가" 하니 이정승이 그것을 듣고 기뻐하며 말하기를 "또한 쉽지는 않지" 하여, 사람들이 그 도량에 탄복하였다.

이양원이 자신의 출신 성분과 관련하여 숨기고 싶은 약점을 기녀들이 조심성 없이 함부로 들추어 말했던 것인데, 이양원은 그 말을 고깝게 듣거나 모질게 다스리지 않았다. 자신이 이미 출세를 할 만큼 한 이후여서 충분한 권력이 있는데도 불구하고, 오히려 너그럽게 웃으며 따뜻하게 받아주었던 것이다. 사회의 맨 밑바닥이라고 할 천민들의 눈에도 두렵기보다는 멋있게 보이고, 저런 아들이 있기를 소원할 만큼 도량이 넓었던 사람이 이양원이었다. 그의 어머니는 그런 아들을 낳음으로써 생의 한이 저절로 풀리지 않았을까? 기녀의 아들이라고 손가락질 당하지 않고, 모질고 독하게 출세하여 자기 설움을 남에게 힘으로 짓이겨 복수하지 않았으니, 성공 중에서도 가장 성공한 삶이 아닐까 싶다.

관서 기녀의 아들, 숙종의 어의 유상

숙종조의 어의 유상의 어머니도 관서 기녀였다. 그에 대해서는 이런 이야기가 전한다.

숙종조의 어의 유상은 임금이 아이 적에 천연두를 낫게 하여 그 노고가 드러나 이름이 알려지고 벼슬이 높은 품계에까지 이르렀다. 그의 어미는 관서 기녀인데, 아들 셋이 모두 아비가 달랐다. 모두 사대부였는데 아들도 모두 남들에게 알려졌으니 또한 기이한 일이다. 임금이 조용히 농담 삼아 묻기를 "너의 3형제는 어찌 성이 다르냐?" 하니 상瑺이 대답하길, "이는 신의 어머니가 젊은 시절에 재능이 많아서 그러합니다" 하여 임금이 크게 웃었다.

간혹 테니스나 탁구나 배드민턴 같은 스포츠 경기를 구경할 때가 있다. 그러면 과정이 참 아름답고 거룩하게 느껴지곤 한다. 경기에 임하는 선수들은 자기에게 날아오는 공을 잘 지켜보다가 정확히 라켓을 들이대고 상대편에게 받아 넘긴다. 그들은 남이 내게 공을 잘못 준 것에 대해 툴툴거리지 않는다. 왜 잘못 주느냐, 금을 넘어가게 주었느냐, 그런 것도 못 받느냐 투덜거리지 않는 것이다. 상대편이 그 어떤 공을 주었더라도 자신이 순간적으로 판단한다. 이것을 받아야 할지, 넘겨야 할지, 피해야 할지 말이다. 혹 상대편이 반칙을 하건 변칙을 하건 간에 자기 역량과 판단대로 멋지게 대응한다. 설령 그런 대응에 실패했더라도 상대 선수를 탓하지 않는다. 자기 판단의 실수를 아프게 점검할 뿐, 입은 꾹 다물고 공을 치는 것이다.

이양원이나 유상은 어쩌면 자기 인생에 그렇게 날아드는 공을 잘 받아넘기는 훌륭한 선수가 아니었을까. 자신이 이미 영의정이 되었는데 기녀들이 "저런 자식을 낳았으면……" 할 때, 책망하기는커녕 그 말의 진심을 알아듣고 따뜻하게 웃으며 "또한 쉽지는 않지!" 하고 받아주거나, 임금이 "너의 3형제는 어찌 성이 다르냐?" 하니, "이는 신의 어머니가 젊은 시절에 재능이 많아서 그러합니다"라고 대답했으니 말이다. 그들은 자신뿐 아니라 모든 존재를 있는 그대로 편안하게, 빛나게 만들었다. 어머니를 욕되게 하지도 않았고, 누굴 원망하지도 않았으며, 자신을 부끄럽게 만들지도 않았고, 그런 농담을 한 사람을 무안하거나 불쾌하게 만들지도 않았다. 원망하고

서운해할 기운이 있으면 그것을 사랑으로 바꾸어 스스로를 북돋우는 것, 낮고 천한 자리에서도 비뚤어지지 않고 스스로를 싱싱하게 살려나가는 지혜가 아닐까.

유상에 대한 일화는 몇 가지가 더 있다. 상이 숙종의 천연두를 낫게 한 공으로 관서의 이름난 고을의 수령 자리를 얻어 가는 길에 평양을 지나게 되었다 한다. 그의 어미 또한 서울에서 따라 내려가게 되었는데, 평양에 이르자 어머니가 문득 교방에 가서 옛날에 함께 기적에 올라 있던 기녀들과 더불어 연회를 열고 즐겼다. 그러면서 "내가 오늘은 평양의 옛 기녀이지만, 내일은 태수의 대부인이라네. 다시 서로 만나지 말기를 청하네"라고 하였다 한다.

이 일화도 유상이 참으로 멋있고 진정한 효자임을 느끼게 한다. 자기가 숨기고 싶은 면이 드러날까 이래라 저래라 간섭하고 통제하고 훈계하는 것이 보통 사람의 행동거지일 것이다. 그리하여 그 어머니의 상처 많은 생애에 마지막 대못을 비수처럼 박는 것이 대개의 자식이 보이는 행동이다. 이 때문에 출세한 자식 앞에서 고개를 들지 못하고 기죽어 지내며 꼼짝 못하는 부모도 있는 것이리라. 유상은 그러나 그런 따위는 이미 훌쩍 건너뛰어서 어머니를 모시고 부임지로 갔고, 또 그 어머니가 평양 교방에 들리는 것을 못 본 척했고, 어머니가 뭐라고 말을 하든 반대하지 않았으니, 그가 바로 진짜 효자 아닐까. 부모님이 하시는 일을 그대로 담담하게 못 본 듯이 지나가고 자기 할 일을 정신 차려 하는 것, 그런 큰 효도를 하기가 어디 쉽겠는가.

그는 또 언제나 성씨 다른 형제들과 더불어 3형제가 만나 동소문 밖 병처屛處에 모여 종일토록 있다가 돌아오곤 했다고 전한다. 즉 우애도 괜찮았던 듯싶다. 그가 그렇게 지내니 숙종 임금이 놀렸던 것이리라. "너의 3형제는 어찌 성이 다르냐?"라고. 상은 그 놀림을 오히려 자신을 더 빛나게 하는 훈장으로 만들어 대답했지 않았나. "이는 신의 어머니가 젊은 시절에 재능이 많아서 그러합니다"라고.

인물 됨됨이가 멋있어서 그런지, 겸산 유재건이 쓴 『이향견문록』에 그 인물전이 전한다. 젊은 시절에 그가 어떻게 의술을 익히게 되었는가 하는 경로를 알려주는 이야기다.

유상은 젊었을 때에 의술로써 세상에 이름이 나고 자못 재주가 있긴 했으나 아직 묘경妙境에 이르지는 못하였다고 한다. 그가 경상도감사를 따라, 요즘으로 말하면 비서 같은 업무를 보느라 책실冊室로 내려가서 여러 달을 머물렀던 때인데, 별로 하는 일이 없어 매우 무료했기 때문에 감사에게 청하여 사임하고 집으로 돌아가는 길이었다. 유상이 대구 부근의 낙동강 지류인 금호강을 건너 아직 칠곡 우암창牛岩倉까지 못 미쳤을 때에 하인이 소변을 보기 위하여 말고삐를 그에게 주었다. 그가 고삐를 잡은 채 채찍을 들어 한 번 쳤더니 노새가 놀라 달아나며 온종일 마구 달려서 멈추질 않더니, 날이 저물 무렵에 홀연히 재 하나를 넘어 어떤 집의 초당 앞에 섰다. 바로 그 초당에서 그는 상자에 가득하고 시렁에 꽉 찬 의서를 마음대로 펴보고 읽어보게 되어 의술에 밝아졌다는 것이다.

이튿날 첫닭이 울자 주인이 "속히 떠나라. 오래 머물러서는 안 된다" 하여, 유상이 노새를 타니 주인 아들이 역시 채찍으로 한 번 쳤는데, 노새가 어제처럼 내달아 정오에 광주廣州 판교에 이르렀다는 것이다. 궁중 액정서 소속의 하예들 십여 명이 도로에 연이어 있다가 그를 재촉하여 서울에 들어가자면서 "바야흐로 임금(숙종)께서 마마 증세가 있는데 꿈에 신인이 나타나 유의를 부르라고 했다"고 말했다 한다. 그리하여 유상이 지금 서울의 소공동 부근인 구리개[銅峴]를 지나가는데 한 노파가 마마를 겪은 아이를 업고 있었다. 길거리 사람들이 물으니, 그 노파는 "이 아이가 흑함黑陷으로 호흡이 통하지 않아 속수무책으로 죽기만 기다렸는데 다행히 지나가는 중이 감꼭지를 끓인 시체탕으로 치료하여 효험을 보았다"라고 말했다. 흑함이란 마마가 곪을 때, 곪은 물집 속에 출혈이 되어 빛깔이 검어지는 증세를 말한다. 유상은 시체탕의 이야기를 듣고 보니 어젯밤 산중에서 본 책에도 그 말이 있었던 기억이 났다. 드디어 그가 대궐에 들어가 임금을 진찰해보니 노파가 업고 있던 아이의 증세와 같았기에 시체탕을 올렸는데, 효험을 얻어 임금의 병세가 정상으로 회복되었다는 것이다. 유상이 이름이 한껏 드날리게 되었음은 물론이다.

숙종의 천연두를 치료하다

또다른 책에는 이런 이야기가 전한다. 유상이 숙종의 마마 증세를 진찰한 뒤에 저미고豬尾膏를 쓰고자 하여 명성대비에게 아뢰니, 대비가 크게 놀라면서 "이 같은 위험한 약 처방을 쓸 수는 없다"라고 하였다. 유상이 여러 번 아뢰었으나 허락하지 않으므로 그는 소매 속에 넣고 들어가서 몰래 드렸는데, 증세가 차츰 좋아져서 드디어 정상으로 회복되었다고 한다. 그 덕분에 그는 지금 풍덕부사로 제수되어 부임했는데, 어느 날엔가 숙종이 두부를 넣은 연포탕을 먹고 급체 증세가 있어 파발마를 보내 다시 유상을 불렀을 때이다. 유상이 서대문 새문 밖에 이르러 한 노파의 말을 들으니 "쌀뜨물을 두부에 부으면 두부가 녹아버린다"고 했다. 그 말을 듣고 대궐에 나아가 쌀뜨물을 올리자 병세가 회복되었다고 전한다. 이름 없는 지혜로운 사람들이 모두 유상에게 신비한 도움을 준 것이다.

우리나라에서는 옛날에 천연두를 앓는 이가 있는 집에서는 그것을 서신西神, 별상別常 혹은 별성別星이라고 일컬었고, 그 환자가 생기면 구애받고 꺼리는 것이 많았다고 한다. 애초에 천연두라는 것이 없었는데, 중국으로부터 전해졌으므로 그것을 대접하여 사명使命을 받들고 온 것처럼 그것을 별상이라고 했는데, 고려시대에 이미 이 말이 있었으니 바로 별성이 와전된 것이라 한다. 의서에서는 단지

'함부로 다루거나 신이하게 여기지 말라[毋褻而異]'라고 했는데, 민간에서는 영이靈異함이 있다고 하여 상을 마련하여 음식을 차리고 밤낮 기도를 하며 더욱 고기 먹는 것을 금하였다. 까닭에 천연두를 앓는 자는 원기를 보하지 못하게 했는데, 영양이 결핍되어 왕왕 일찍 죽게 되는데도 고기를 못 먹게 했다는 것이다.

그런데 상이 숙종의 천연두를 치료할 때 처음으로 닭고기를 먹을 것을 청하였으므로 명성대비가 하교하기를 "환후가 악화되면 네가 죽지 않을 줄 아느냐?" 하니, 상이 조아리며 "반드시 악화될 이유가 없습니다. 죽음을 각오하고 소원합니다" 하여 대비가 허락했고, 효험을 보았다는 것이다. 그리하여 그때부터 여염에서도 비로소 닭이 병세에 도움이 됨을 알고 꺼리지 않게 되었다고 한다.

그때 숙종 임금이 음식을 먹으면 토하게 되니 죽조차 먹지 않았는데, 상이 주상의 앞에서 그릇 2개를 사용하여 죽을 가지고 번갈아 담으며 마치 놀이를 하는 듯이 했다. 주상이 괴이하게 여겨 물으니, "이것을 옮겨 저기에 담으면 여기에 남은 즙이 있고, 저것을 옮겨 여기에 담으면 저기에 남은 즙이 있습니다"라고 대답했다. 주상이 "그렇다면 가령 죽을 먹고 비록 구토를 하더라도 어쩌면 남은 즙이 있어 굶주리지 않을 수 있단 말인가?" 하여, 상이 머리를 조아리며 "심히 다행입니다" 하자, 주상이 드디어 깨달아 한 번 토하고 한 번 먹고 하여 기운을 차렸다고 한다.

명성대비는 비록 밤에도 반드시 유상에게 손수 음식을 내려주었는데, 유상이 잠들었는지 물어보면 상은 "감히 잠들지 않았습니다" 하고서 내려주신 것을 받았다고 한다. 주상의 체후가 평안해진 다음에 상에게 가선嘉善의 품계를 내려주고, 어모御帽를 하사하였으며, '복의 유상福醫柳瑺'이라고 써주었다. 그 이후에도 그는 천연두를 치료하며 바야흐로 세상에 다니고 있는데, 대개 비록 여항의 천한 사람의 자녀라도 무릇 천연두로 아파서 와달라는 요청이 있으면 몸소 가지 않은 적이 없었다 한다. 그런 까닭에 사람들은 그 집을 두고 '경사를 쌓아두는 복積慶之福'이 있다고 말했다는 것이다.

사람들은 그를 좋아했고, 그에 관한 이야기를 많이 하고 싶어했던 것 같다. 좋아하는 사람에 대해서는 하루 종일 이야기해도 싫지 않고, 또다시 그 사람 이야기를 하고 싶지 않은가. 유상에 대해 이렇게 여러 이야기가 전하고, 그것이 모두 신비롭고 지혜롭고 따뜻한 것임을 미루어 알 수 있다.

사실 정승 이양원이나 어의 유상의 인품과 풍모는 잊히지 않는다. 그들에 관한 기록을 한 번 읽었을 뿐인데 뇌리에 선명하게 새겨져서 늘 맘을 따뜻하게 만들고 기운이 나게 하니 말이다. 누가 그들을 기녀의 자식이라고 감히 손가락질 하겠는가! 그들이야말로 진흙탕 세상에서 한 송이 연꽃으로 피어난 사람들 아닐까. 세상이 힘들어도 저 할 탓이라는 민요 구절이 생각난다. 🐾

참고문헌

『국역 조선왕조실록』

강백년, 『설봉유고雪峯遺稿』, 한국문집총간 103

강준흠, 『삼명시화』, 민족문학사연구소 한문분과 역주, 소명, 2006

김득신, 『백곡집柏谷集』, 한국문집총간 104

김　려, 『부령을 그리며』, 박혜숙 역주, 돌베개, 1998

김민성 엮음, 『매창전집』 2, 부안문화원, 1998

김재찬, 『해석유고海石遺稿』, 한국문집총간 259

김택영, 『합간 소호당집』 1~6, 한국학문헌연구소 편, 아세아문화사, 1978

김택영, 『송도인물지』, 김승룡 편역주, 현대실학사, 2000

김화진, 『오백년 기담일화』, 대한교과서주식회사, 1966

모로 미야, 『에도일본』, 허유영 옮김, 일빛, 2006

민족문화추진회 편, 『국역 연행록선집』 1~12, 민족문화추진회, 1966

박을수 편저, 『한국시조대사전』 상 · 하, 아세아문화사, 1992

박제가, 『정유집貞蕤集』 한국사료총서 제12, 국사편찬위원회, 1971

박지원, 『국역 연암집』, 신호열 · 김명호 옮김, 민족문화추진회, 2004~2005

박지화, 『수암유고守庵遺稿』, 한국문집총간 34

성해응, 『연경재전집硏經齋全集』, 한국문집총간 273~279

송　인, 『이암유고頤庵遺稿』, 한국문집총간 36

수원시 편, 『원행을묘정리의궤園幸乙卯整理儀軌』, 1996

신광수, 『석북집石北集』, 한국문집총간 231

신　정, 『분애유고汾厓遺稿』, 한국문집총간 129

신　흠, 『상촌고象村稿』, 한국문집총간 71~72

심노숭, 『눈물이란 무엇인가』, 김영진 옮김, 태학사, 2001

심수경, 『견한잡록遣閑雜錄』, 민족문화추진회 역, 1979

심　의, 『대관재난고大觀齋亂稿』, 한국문집총간 19

양경우, 『제호집霽湖集』, 한국문집총간 73

어숙권, 『패관잡기稗官雜記』, 민족문화추진회 역, 1979

유득공, 『영재집泠齋集』, 한국문집총간 260

유몽인, 『어우야담』, 신익철 외 역주, 돌베개, 2006

유희경, 『촌은집村隱集』, 한국문집총간 55

이규경, 『오주연문장전산고』 1~20, 민족문화추진회 편, 민족문화추진회, 1981

이긍익, 『국역 연려실기술』 1~12, 민족문화추진회 역, 민족문화추진회, 1966~1968

이능화, 『조선해어화사』, 이재곤 옮김, 동문선, 1992

이덕무, 『청장관전서』, 민족문화추진회 편, 민족문화추진회, 1966

이명한, 『백주집白洲集』, 한국문집총간 97

이복원, 『쌍계유고雙溪遺稿』, 한국문집총간 237

이　선, 『지호집芝湖集』, 한국문집총간 143

이수광, 『지봉유설芝峯類說』, 한국역사정보통합시스템 홈페이지

이　식, 『국역 택당집澤堂集』 1~7, 민족문화추진회 역, 민족문화추진회, 1997~2001

이안눌, 『동악집東岳集』, 한국문집총간 78

이　옥, 『역주 이옥전집』, 실시학사 고전문학연구회 역, 소명, 2000

이우준, 『몽유야담夢遊野談』, 고려대도서관 소장본

이종성, 『오천집梧川集』, 한국문집총간 214

이충익, 『초원유고椒園遺藁』, 한국문집총간 255

이헌경, 『간옹집艮翁集』, 한국문집총간 234

이현조, 『경연당집景淵堂集』, 한국문집총간 168

임형택 편역, 『이조시대서사시』 하, 창작과비평사, 1992

임형택 · 이우성 편역, 『이조한문단편집』 중, 일조각, 1978

장 유, 『계곡집谿谷集』, 한국문집총간 92

장지연, 『일사유사逸士遺事』, 태학사, 1982

정병설 역주, 『나는 기생이다』, 문학동네, 2007

정사룡, 『호음잡고湖陰雜稿』, 한국문집총간 25

정약용, 『국역 다산시문집』, 민족문화추진회 편, 솔출판사, 1996

정유길, 『임당유고林塘遺稿』, 한국문집총간 35

조문명, 『학암집鶴巖集』, 한국문집총간 192

조위한, 『현곡집玄谷集』, 한국문집총간 73

조현명, 『귀록집歸鹿集』, 한국문집총간 212~213

차좌일, 『사명자시집四名子詩集』, 한국문집총간 269

차천로, 『오산집五山集』, 한국문집총간 61

채제공, 『번암집樊巖集』, 한국문집총간 236

최성대, 『두기시집杜機詩集』, 국립중앙도서관 소장본

최숙정, 『소요재집逍遙齋集』, 한국문집총간 13

한재락, 『녹파잡기』, 이가원 · 허경진 옮김, 김영사, 2007

한준겸, 『유천유고柳川遺稿』, 한국문집총간 62

허 균, 『국역 성소부부고惺所覆瓿稿』 1~5, 민족문화추진회 역, 민족문화추진회, 1986

허미자, 『이매창연구』, 성신여대출판부, 1988

홍만종 편, 『역주 시화총림詩話叢林』 상 · 하, 홍찬유 역, 통문관, 1993

홍 섬, 『인재집忍齋集』, 한국문집총간 32

홍언필, 『묵재집默齋集』, 한국문집총간 19

황윤석, 『이재난고頤齋亂藁』(탈초본), 한국정신문화연구원, 1994~2003

황윤석, 『이재유고頤齋遺藁』, 한국문집총간 246

오도일, 「오산록鰲山錄」, 『서파집西坡集』, 한국문집총간 152

오도일, 「한저록漢渚錄」, 『서파집西坡集』, 한국문집총간 152

유몽인, 「서빈록西儐錄」, 『어우집於于集』, 한국문집총간 63

윤선거, 「노서일기魯西日記」, 『노서유고魯西遺稿』, 한국문집총간 120

이민성, 「연사창수집燕槎唱酬集」, 『경정집敬亭集』, 한국문집총간 76

이만영, 「숭정병자조천록」, 『설해유고』, 국립중앙도서관 소장본

이정구, 「동사록東槎錄」, 『월사집月沙集』, 한국문집총간 69~70

정태화, 「서행기西行記」, 『양파유고陽坡遺稿』, 한국문집총간 102

한국고전번역원 홈페이지 http://www.itkc.or.kr

한국역사정보통합시스템 홈페이지http://www.koreanhistory.or.kr

박민일 기증 특별전, 『기생 100년 엽서 속의 기생읽기』, 국립민속박물관, 2008

『사진으로 보는 조선시대』, 조풍연 해설, 서문당, 1986

나 자신으로 살아갈 길을 찾다

ⓒ 이지양 2009

초판인쇄 2009년 2월 16일
초판발행 2009년 2월 24일

지은이 이지양 l 펴낸이 강성민

편집장 이은혜 l 편집 신헌창
마케팅 장으뜸 방미연 정민호 신정민 l 제작 안정숙 김정후

펴낸곳 (주)글항아리 l 출판등록 2009년 1월 19일 제406-2009-000002호

주소 413-756 경기도 파주시 교하읍 문발리 파주출판도시 513-8
전자우편 bookpot@hanmail.net
전화번호 031-955-8888(관리부) 031-955-8898(편집부)
팩스 031-955-2557

ISBN 978-89-962155-2-3 03900

이 도서의 국립중앙도서관 출판시도서목록(CIP)은 e−CIP홈페이지(http://www.nl.go.kr/ecip)에서
이용하실 수 있습니다. (CIP제어번호 : CIP2009000429)